coleção primeiros passos 296

CB052499

Gilberto Marcos Antonio Rodrigues

O QUE SÃO
RELAÇÕES INTERNACIONAIS

2ª edição, 2009

editora brasiliense

Primeira edição, 1995
Segunda edição, revisada e atualizada, 2009
4ª reimpressão, 2012

Diretoria Editorial: *Maria Teresa Lima*
Editor: *Max Welcman*
Produção editorial: *Heda Lopes*
Diagramação: *Digitexto Serviços Gráficos*
Capa: *Maria Eliana Paiva*
Revisão: *Ricardo Miyake*

**Dados Internacionais de Catalogação na Publicação (CIP)
(Câmara Brasileira do Livro, SP, Brasil)**

Rodrigues, Gilberto Marcos Antonio
    O que são relações internacionais / Gilberto Marcos Antonio
Rodrigues. - - 2. ed. rev. e atual. - - São Paulo: Brasiliense, 2009. - -
(Coleção Primeiros Passos; 296)

ISBN 978-85-11-00131-0

1. Relações internacionais I. Título. II. Série

09-04088   CDD-327

Índices para catálogo sistemático:
1. Relações internacionais 327

editora e livraria brasiliense
Rua Antônio de Barros, 1839 – Tatuapé
CEP 03401-001 – São Paulo – SP
www.editorabrasiliense.com.br

Para meus pais, Helenice e Walter.

Para Cris, com amor.

Para

Caio Graco,

in memoriam

Agradecimentos:

Aos amigos Clóvis Brigagão, Cláudio José dos Santos, Diomar Silveira, Estela dos Santos Abreu, Gilberto Schlittler, Nanci Valadares, Paulo Resende, Rosa Fonseca, Tadeu e Magali Valadares e Thiago Rodrigues pelo grande apoio e permanente incentivo, desde a primeira edição desse livro.

SUMÁRIO

INTRODUÇÃO

O tempo de uma geração, cerca de 15 anos. Esse período separa a primeira edição de *O que são relações internacionais* desta que o leitor tem agora, atualizada, em suas mãos. Em 1994, quando entreguei o texto para a Editora Brasiliense, a temática das relações internacionais era praticamente desconhecida no Brasil e apenas começava a ocupar os espaços da mídia, das salas de aula dos colégios e das universidades, dos escritórios das empresas e das ONGs. As relações internacionais, no mundo e no Brasil, deixaram de ser assunto restrito de diplomatas, militares e chefes de Estado...

Nesse período – que é longo diante das inúmeras transformações rápidas e globais em todos os campos e, ao mesmo tempo, breve no caminho milenar da história –, as relações internacionais invadiram a vida de cada um nós e de todos os brasileiros, ou ao menos de quem acessa a internet, vê televisão, usa celulares, lê jornais e revistas, vale dizer, de quem está conectado. Além disso, aumentou de forma impressionante a oferta de cursos de graduação e de pós-graduação em relações internacionais – uma nova opção de estudo e de carreira profissional se consolidou no Brasil.

A toda hora, a qualquer instante, em tempo real, são noticiados os fatos do mundo: conflitos armados, manifestações pacíficas, ataques terroristas, tsunamis, aquecimento global, deslocamento de pessoas, refugiados, conferências da ONU, países que se fragmentam, países que se integram... Existe alguma área do conhecimento que se propõe a explicar as relações entre os acontecimentos que fazem o dia a dia de nosso planeta?

A disciplina relações internacionais é uma tentativa nesse sentido. Seu estudo e sua prática podem dar boas pistas para compreender e atuar nas relações que ultrapassam as fronteiras dos países.

De que trata essa disciplina

Como toda área do saber ou do conhecimento, as relações internacionais também têm seus grandes marcos, momentos tão fundamentais que constituem um ponto de mudança para seu estudo e compreensão. Os atentados terroristas contra as Torres Gêmeas e o Pentágono nos Estados Unidos, em 11 de setembro de 2001, são considerados o último grande marco que passou a influenciar as relações internacionais na teoria e na prática. Antes do 11/9, o principal marco era a queda do Muro de Berlim, em 16 de novembro de 1989, que simbolizava o fim da Guerra Fria.

A Guerra Fria consistiu em mais de quarenta anos (1947-1989) de sistemático confronto ideológico, de contínuo estado de tensão entre os Estados Unidos e a União Soviética (que não existe mais, voltou a ser a Rússia) que, apesar de não ter se convertido em guerra frontal e direta (por isso era chamada de "fria"), alimentou a construção de arsenais nucleares capazes de destruir a Terra inúmeras vezes! Durante todos esses anos, a Guerra Fria foi o principal tema das relações internacionais.

Vários temas passaram a merecer maior atenção da comunidade internacional depois do fim da Guerra Fria, entre eles: migrações internacionais (por exemplo, da Europa do Leste e da América Latina e Caribe em direção à Europa Ocidental e à América do Norte); a criação, o uso e a transferência de novas tecnologias (por exemplo, multimídia, clonagem, robótica, transgênicos); a formação de megablocos econômicos (por exemplo, a União Europeia, o Mercosul) em meio à globalização da economia mundial (com foco na OMC); a expansão da democracia e dos direitos humanos como valores universais (por exemplo, tribunais internacionais de direitos humanos); os temas ambientais (por exemplo, aquecimento global, biodiversidade, energias alternativas) e os culturais (por exemplo, os conflitos interculturais e religiosos). Ao abarcar temas tão diversos e revelando ter natureza inter e multidisciplinar, fruto da confluência de saberes da ciência política, do direito, da economia, da história, da geografia, da sociologia, da filosofia... a disciplina relações internacionais vem sendo estudada de diferentes ângulos.

E, desde o início dos anos 1950, com o incremento dos estudos internacionais no campo acadêmico, começaram a ganhar corpo três grandes visões interpretativas das relações internacionais, também conhecidas como paradigmas. Por isso, não há uma concepção única e imparcial do que vêm a ser relações internacionais. Cada conjunto de teorias que compõem um paradigma oferece uma valoração distinta dos fatores internacionais e enseja sua própria interpretação das relações internacionais.

Ingressar nesse universo internacional é como participar de um banquete. Até aqui, serviu-se um aperitivo leve. Nas páginas que se seguem, haverá uma salada terminológica, que trata da origem e do porquê da expressão "relações internacionais". Em seguida, vem a entrada: as visões interpretativas ou paradigmas das relações internacionais. O prato forte fica por conta dos grandes temas internacionais, incluindo o que aconteceu depois do 11/9, a grave crise econômica desencadeada em 2008 e a agenda global dos assuntos comuns. Para encerrar, sobremesa e cafezinho acompanhados de um bate-papo sobre a participação do Brasil – e dos brasileiros – nas relações internacionais.

REVIRANDO A SALADA TERMINOLÓGICA

Que significa o adjetivo "internacional"? Ao pé da letra é fácil traduzi-lo por "que se realiza entre nações". Contudo, a disciplina relações internacionais trata apenas das relações entre nações? Já veremos que não. Para entender o porquê dessa denominação é necessário, pois, vasculhar um pouco da história.

O termo "internacional" foi usado pela primeira vez no campo do direito pelo jurista e filósofo inglês Jeremias Bentham, em sua obra *Introdução aos princípios de moral e legislação*, publicada em 1789.

Bentham achou melhor substituir a expressão "direito das gentes" (*law of nations*), que era a mais usual até então, por "direito internacional" (*international law*). O impacto da obra do autor aliado à influência da Inglaterra, como potência global da época, ajudaram a disseminar e assentar o uso da expressão.

Algo importante a considerar sobre a opção terminológica "internacional" é a circunstância de ela ter sido cunhada sob o véu da *cultura europeia ocidental*. Os Estados que foram sendo formados no continente europeu, a partir da Baixa Idade Média, coincidiam, de maneira geral, com os limites nacionais. Quando Bentham adotou sua nova expressão, já havia portanto uma correspondência entre as nações e a formação dos Estados.

De fato, muitos dos Estados que ganharam contorno nos mapas da época eram formados somente por uma nação. Com algumas exceções (a Alemanha, por exemplo), os Estados eram nacionais, ou seja, nação = Estado. Com o tempo, do campo propriamente jurídico, a expressão saltou para o campo das demais ciências sociais, e as relações entre os Estados passaram a ser denominadas "relações internacionais".

Uma herança viva do processo histórico que confundiu Estado com nação manifesta-se ainda hoje na maioria dos países ocidentais. Trata-se do vínculo que qualquer pessoa adquire com seu nascimento, a *nacionalidade*. A rigor, o vínculo é com o Estado e não com a nação. Na Alemanha, cuja tradição fez distinguir entre nação e Estado, o vínculo da pessoa com aquele país não se chama nacionalidade e sim "estatalidade" (*Staatsangehörigkeit*).

Ao guardar essa identificação quase absoluta com as relações entre os Estados, a expressão "relações internacionais" chegou a ser posta em xeque por alguns acadêmicos, dentre eles Spykman, que propôs a denominação "relações interestatais" (*interestate relations*).

Não obstante, à revelia dessa e de outras tentativas de dar ares de fidelidade à expressão, acabou prevalecendo "relações internacionais" para denominar as relações entre os Estados formados por uma ou mais nações.

Como se vê, há uma questão terminológica, difícil de ser superada, em relação à expressão "internacional". Além de significar as relações entre os Estados, considerados os principais atores internacionais, ela também se refere a outros atores que participam ativamente da vida internacional. São eles: as organizações internacionais, as empresas multinacionais, as organizações não governamentais (ONGs), as Igrejas, os movimentos políticos e sindicais etc.

Por outro lado, é necessário dizer que no país onde se dá a maior produção intelectual e editorial do planeta – os Estados Unidos – as relações internacionais assumem outras denominações, tais como política internacional (*international politics*) ou política mundial (*world politics*). Isso se deve à relação "incestuosa" que os estudos internacionais mantêm com a ciência política naquele país.

Vale a pena lembrar a observação que faz o professor francês Marcel Merle em seu *Sociologie des relations internationales* (Sociologia das relações internacionais). Ele diz que as relações internacionais padecem do fato de designar ao mesmo tempo um campo de investigação e a disciplina que serve para estudá-lo.

Para ilustrar a explicação de Merle, façamos a seguinte comparação. Se indagássemos "Qual o objeto de estudo do direito?", esperaríamos receber algo assim como resposta: "As leis, os costumes, os princípios gerais e as decisões dos tribunais que constituem um dado ordenamento jurídico". Mas, se formulássemos a mesma pergunta com respeito às relações internacionais – "Qual o objeto de estudo das relações internacionais?" –, poderíamos obter como resposta: "As relações internacionais".

Já deu para perceber que toda essa salada terminológica pode complicar um pouco a vida dos que se dedicam à pesquisa ou dos que têm mera curiosidade em assuntos internacionais. Some-se a isso a riqueza de contribuições oriundas das diversas ciências humanas, para verificar que a produção intelectual das relações internacionais padece de uma acentuada dispersão. Não é à toa que os internacionalistas têm de se dispor a buscar, continuamente, boas doses de ecletismo para poder estudar os problemas mundiais.

Ator, cenário, papel: por que essa linguagem "teatral"?

Em qualquer livro ou artigo de revista sobre relações internacionais, fatalmente se encontrarão os termos "ator", "cenário" e "papel" a desfilar pelo texto. Isso porque, dada a influência que os teóricos norte-americanos exercem sobre o estudo das relações internacionais, a maioria dos autores acostumou-se a tomar emprestados os jargões terminológicos da ciência política para usá-los nas investigações e análises sobre relações internacionais.

Assim, *ator internacional* é o agente que participa das relações internacionais. Pode ser um Estado, uma organização internacional, uma empresa transnacional, uma organização não governamental etc.

Cenário internacional é o local, o espaço geográfico onde se dão as relações internacionais produzidas pela participação dos atores internacionais. Pode ser também o desenho de uma dada situação internacional no espaço e no tempo.

Papel é a suposta função que determinado ator internacional exerce no cenário internacional. "Suposta" função, pois cada internacionalista (dependendo de sua opção teórico-metodológica) pode valorar distintamente o papel dos atores internacionais, dando-lhes menor ou maior importância.

Os juristas mantêm o seu próprio jargão: no campo do direito internacional usa-se o termo *sujeito* (de direitos e ou de obrigações), em vez de ator, para designar os entes (só são reconhecidos como tais os Estados, as organizações internacionais e os indivíduos no campo dos direitos humanos) que participam das relações internacionais.

No decorrer do livro, usarei essas expressões com a maior tranquilidade, pois ficará claro que não tenho a intenção de encenar uma peça de teatro. Nem pregar peça em ninguém...

Relações internacionais e relações exteriores

Já que estou tratando de problemas terminológicos, vou terminar este capítulo procurando mostrar a diferença entre relações internacionais e relações exteriores, expressões que frequentemente se confundem uma com a outra.

Quando o assunto é relações internacionais, o sentido é amplo; está-se falando sobre as relações entre os diversos atores internacionais. Tal não impede que se possa falar sobre as relações internacionais de um país no mundo. É lícito falar-se, por exemplo, sobre as relações internacionais do Brasil. Aí o que se pretende saber é a posição do Brasil no cenário internacional, seja regional, seja mundial, e qualificar ou quantificar seus objetivos, sua importância, seu peso cultural, econômico, político etc. Também se pode pensar nas relações internacionais de estados e municípios (paradiplomacia), de universidades, sindicatos e empresas com outros atores fora do País.

A expressão "relações exteriores" tem um sentido mais estrito. Sempre se tratará das relações de um

Estado determinado com os outros Estados. Pode-se falar, por exemplo, sobre as relações exteriores do Brasil com a Argentina, ou com a União Europeia (UE).

A política exterior de um Estado é a substância, a essência de suas relações exteriores. Ela é da competência do Poder Executivo (o Legislativo pode atuar em alguns casos, como aprovação de tratados ou autorização para participar em conflitos armados).

Nos cursos de Relações Internacionais, de Política Internacional ou de Preparação à Carreira Diplomática, o estudo da política externa de um país ajuda a entender como e por que ele se relaciona com seus pares na *sociedade internacional*.

A política exterior é formulada e conduzida por um órgão específico do Estado, o qual normalmente leva o nome de Ministério das Relações Exteriores (nos Estados Unidos é o State Department); pode também ser conhecido pelo espaço físico que o abriga. Por exemplo, no Reino Unido é o Foreign Office, na França é o Quai d'Orsay, na Argentina é o Palácio San Martí.

No Brasil, é o Ministério das Relações Exteriores, também conhecido pelo nome de sua antiga sede no Rio de Janeiro e atual sede em Brasília – o Itamaraty –, o órgão político-administrativo encarregado de auxiliar o presidente da República na formulação da política exterior, assegurar sua execução e manter relações com governos estrangeiros, organismos e organizações internacionais. O ministro das Relações Exteriores é, abaixo do presidente, a autoridade máxima na condução dos assuntos externos do país. E são os diplomatas que, dentro do serviço público federal, respondem por esse importante trabalho.

Apesar dessas diferenças, existe um nexo entre as relações exteriores dos Estados, traduzidas em sua atividade diplomática, e as relações internacionais. Na medida em que os Estados são os principais atores ou sujeitos das relações internacionais, ao executar sua política exterior, cada Estado contribui para configurar determinados cenários internacionais.

Os Estados que detêm a maior cota de poder na sociedade internacional são os que em última instância definem a criação e a execução das regras (políticas, econômicas, jurídicas etc.) de funcionamento do sistema internacional (os chamados Estados hegemônicos, como a Inglaterra, no século XVIII e parte do século XIX, os Estados Unidos e a URSS, no século XX; os Estados Unidos, a União Europeia e a China, no século XXI). Eles têm a possibilidade de influir muito mais nas relações internacionais, a partir de suas respectivas políticas exteriores que, em alguns casos, podem ser consideradas política internacional.

Assim, os conflitos ou convergências entre as diversas políticas exteriores dos Estados são parte da convivência internacional e alimentam os distintos caldos de cultura das relações internacionais.

DE ENTRADA: PARADIGMAS DAS RELAÇÕES INTERNACIONAIS

Paradigmas? Que é isso? Já dei uma dica do que vem a ser paradigma lá na Introdução, mas, em se tratando de um termo pouco usual em nosso cotidiano e ao mesmo tempo palavra-chave neste capítulo, é importante esmiuçar um pouco mais o seu significado.

Nas páginas do *Novo dicionário Aurélio* pode-se ler que paradigma é "modelo, padrão". Em espanhol, o *Diccionario de la Real Academia Española* acusa o significado de "ejemplo". E em inglês, o *Oxford English Dictionary* apresenta a seguinte definição: "a pattern, exemplar, example". Esse é o sentido cru da palavra. À medida que é temperado pelos internacionalistas, ele ganha, como seria de esperar, um sabor próprio, peculiar.

Foi Thomas S. Kuhn quem inaugurou o uso da expressão "paradigma" no estudo dos fenômenos científicos, a partir de sua obra, *A estrutura das revoluções científicas* (1962). Ainda que internacionalistas, como Marcel Merle, considerem tal expressão imprecisa, o termo já faz parte do jargão das ciências sociais, inclusive das relações internacionais.

Tomemos a definição que o professor John Vásquez estabelece em sua obra *The power of power politics. A critique*. (O poder da política de poder. Uma crítica), de 1983. Ele diz que paradigmas são "as suposições fundamentais que os especialistas fazem sobre o mundo que estão estudando". Segundo Vásquez, as tais suposições fundamentais mostram ao especialista "o que é conhecido sobre esse mundo, o que é desconhecido, como se deve enxergar esse mundo se se quer conhecer o desconhecido e, finalmente, o que merece ser conhecido".

Ora, um paradigma das relações internacionais é, então, uma visão, uma interpretação, uma perspectiva dos fenômenos internacionais ou mundiais, amparada em algum método, cuja pretensão é explicar e dar sentido aos fatos que estão se desenrolando no cenário internacional. Um paradigma seria uma maneira de organizar a realidade, tal como a define o italianíssimo Umberto Eco.

Quais são os paradigmas das relações internacionais? A maioria dos internacionalistas reconhece a existência de três paradigmas: o realista (clássico), o da dependência (estruturalista) e o da interdependência (transnacional ou da sociedade global). Incluímos um quarto, o paradigma da paz. A seguir, e sem mais delongas, eles passam a ser servidos, à moda brasileira.

O paradigma realista

Na teoria das relações internacionais, o *realismo político* é a mais antiga e a mais influente entre as concepções sobre os fenômenos internacionais. Também é chamado de paradigma tradicional ou clássico. Seus antecedentes remontam à Grécia antiga. No entanto, foi durante o período de formação dos Estados nacionais europeus que dois pensadores modernos, Nicolau Maquiavel e Thomas Hobbes, inspiraram a geração do realismo político, nos moldes em que ele veio a desenvolver-se.

Maquiavel, em *O príncipe* (1532), obra ainda hoje tida como leitura obrigatória para quem ingressa na política (ou quer entendê-la), escreveu uma espécie de manual, onde dá conselhos ao príncipe, especialmente àquele que se inicia na arte de governar. Para o escritor florentino, que tivera ampla experiência como diplomata e consultor político e militar do governo da cidade de Florença, o governante deve agir segundo algumas regras da natureza humana, regras que Maquiavel pensava haver aprendido com sua vivência.

Um de seus conselhos mais famosos – cuja aplicação prática pode ser encontrada em incontáveis episódios da história das relações internacionais – é o que diz: "(...) na conduta dos homens, especialmente dos príncipes, contra a qual não há recurso, os fins justificam os meios. Portanto, se um príncipe pretende conquistar e manter um Estado, os meios que empregue serão sempre tidos como honrosos e elogiados por todos".

Essa máxima maquiavélica é o substrato de uma das características do paradigma realista, aquela que separa a conduta do Estado (de seus governantes) de toda e qualquer moral, seja ela interna ou internacional. O papa do realismo do pós-guerra, Hans Morgenthau, explorou com profundidade essa questão em suas obras, cujo teor veremos mais adiante.

Enquanto Maquiavel estava preocupado em dar conselhos a governantes, Thomas Hobbes, em seu *Leviatã* (1651), estava mais interessado em explicar o funcionamento do sistema político. Por isso, dentro da concepção realista das relações internacionais, sua obra influenciou muito os pensadores que lhe sucederam. Que dizia Hobbes?

A base do pensamento hobbesiano é que o ser humano vive num estado de natureza em que não há regras, nem leis, nem igualdade nem justiça imparcial. É o famoso "cada um por si e Deus por todos", o império da força bruta. As reflexões de Hobbes serviram como uma luva para os realistas sustentarem suas ideias acerca do funcionamento das relações internacionais. Somente os mais fortes teriam mais possibilidades de sobrevivência num mundo anárquico por natureza. "O homem é o lobo do homem" é a conhecida frase que resume o pensamento de Hobbes sobre as relações sociais.

Os historiadores das relações internacionais fixam a Paz de Vestfália, em 1648, que estabeleceu o Sistema Europeu de Estados e criou um equilíbrio de poder entre as potências da época, como o ponto de partida das relações internacionais modernas segundo as pautas do realismo político. Contudo, tais antecedentes se mesclam com o estudo da ciência política. Somente no século XX, a disciplina relações internacionais deu seus primeiros passos, com o lançamento de obras marcantes sobre os fenômenos internacionais. Nessa perspectiva, é interessante notar que o realismo político irá apresentar-se com sua roupagem internacional como reação ao período denominado *idealista* das relações internacionais. Depois da Primeira Guerra, nos idos da década de 1920, o mundo vivia um período rico em avanços tecnológicos e sociais. Havia, por um lado, um enorme furor com a Revolução Bolchevique na Rússia, em 1917, e, por outro, o fim da Primeira Guerra Mundial e a assinatura do Tratado de Versalhes, em 1919, que criou a primeira Organização Intergovernamental do planeta, a Organização Internacional do Trabalho (OIT), e estabeleceu a Sociedade das Nações, que tinha o apoio do presidente Wilson, nos Estados Unidos, a fim de reunir as nações "civilizadas" para cuidar de assuntos de interesse mundial.

Esse período ficou conhecido como idealista exatamente porque albergou o surgimento de uma série de iniciativas inspiradas em princípios éticos e morais que, transformados em normas jurídicas, serviriam como vetores das relações internacionais. As práticas tradicionais e conservadoras de fazer política internacional foram duramente criticadas, como por exemplo a diplomacia de bastidores que negociava alianças militares secretas. Por outro lado, a publicidade dos tratados internacionais passou a estabelecer, juntamente com o aprimoramento de regras de diplomacia multilateral, uma nova maneira de perceber as relações internacionais – mais abertas, transparentes e democráticas. Com tantos ventos soprando a favor de mudanças, não foi à toa que durante esse período nasceram as primeiras cátedras de relações internacionais, em universidades britânicas.

Considerado um precursor na matéria, o historiador inglês Edward H. Carr realizou um estudo notável sobre o período idealista que vicejou após o término da Primeira Guerra Mundial. Sua avaliação sobre a inadequação do idealismo para tratar dos fenômenos internacionais da época confirmou-se pelas dificuldades que foram comprometendo a paz mundial, tal como a negativa do Senado norte-americano em aprovar a adesão dos Estados Unidos à Carta que instituíra a Sociedade das Nações, fato que pôs a pique a existência da organização. O início da Segunda Guerra Mundial marcou o fim do período idealista, e a célebre obra de Carr *The Twenty Years Crisis, 1919-1939* (Vinte Anos de Crise, 1919-1939) fincou as bases para as interpretações realistas das relações internacionais contemporâneas.

O realismo insere-se no mundo do "ser" e irá buscar na análise histórica os argumentos para sustentar suas convicções; em contrapartida, o idealismo realça o mundo do "dever ser", aquele que pode ser instaurado pela racionalidade do ser humano. Os realistas avocam-se o conhecimento e a visão fidedigna da realidade – do jeito que o mundo é, e não como ele poderia ou deveria ser. Por isso desenvolveram uma visão pragmática e pessimista da realidade, que exclui a possibilidade de condutas altruístas dos atores internacionais.

Com o fim da Segunda Guerra Mundial, o paradigma realista era o único que havia sobrado em meio aos escombros. E foi em 1948, no alvorecer da Guerra Fria, que Hans Morgenthau publicou o livro que viria a converter-se num clássico do estudo das relações internacionais: *Politics among Nations. The Struggle for Power and Peace* (A política entre as nações. A luta pelo poder e pela paz). De fato, esse livro tornou-se uma espécie de bíblia, de leitura obrigatória para acadêmicos e para funcionários de governo.

Acadêmico judeu-alemão foragido das garras do nazismo, depois de haver transitado por alguns países europeus, Morgenthau estabeleceu-se definitivamente nos Estados Unidos, onde encontrou o respaldo necessário para o amadurecimento de suas ideias sobre a política internacional. Mas foi em seu berço de adolescência e de juventude, a conturbada e fascinante Alemanha da República de Weimar (1919-1933), que ele identificou a fonte de sua principal tese: a da importância do poder nas relações internacionais.

Chamado de "o novo Maquiavel" por seus críticos, Morgenthau consolidou nos Estados Unidos a teoria do realismo político, cujo perfil ficou ontologicamente estabelecido, logo no início de sua obra *A política entre as nações*, sob o título: "Os seis princípios do realismo político".

Vamos a eles. O primeiro princípio diz: "O realismo político sustenta que a política, tal como a sociedade em geral, é governada por leis objetivas que lançam raízes na natureza humana". Essas "leis objetivas" seriam características inerentes ao ser humano, comparáveis às que regem a conduta dos animais – a luta pela sobrevivência – e que se refletiriam na conduta dos Estados.

O segundo princípio estabelece que "o principal indicador que ajuda o realismo político a encontrar o seu caminho em meio à paisagem da política internacional é o conceito de interesse definido em termos de poder". Essa é uma das ideias fundamentais do paradigma realista. Todo e qualquer interesse – político, econômico, cultural etc. – dos atores internacionais deveria ser traduzido em sua pretensão de alcançar mais poder para si.

O terceiro princípio complementa o segundo: "O realismo considera que seu conceito-chave de interesse definido como poder é uma categoria objetiva com validade universal". Ou seja, países ideologicamente distintos, fossem eles capitalistas ou comunistas, estariam regidos pelo mesmo interesse de obter ou manter seu poder sobre os demais.

O quarto princípio reza que "o realismo sustenta que os princípios morais universais não podem ser aplicados às ações dos Estados a partir de sua formulação universal abstrata, mas devem ser filtrados com observância das circunstâncias concretas de tempo e lugar". Com isso, Morgenthau retomava a ideia maquiavélica de que os fins justificam os meios, pois afirma não haver regras morais universais aplicáveis a todas as situações.

O quinto princípio diz que "o realismo político nega-se a identificar as aspirações morais de uma nação concreta com leis morais que governam o universo". Seguindo a lógica do princípio anterior, Morgenthau não aceita que os atores internacionais possam ser submetidos a qualquer sistema normativo, seja ele moral ou jurídico, considerando que o sistema internacional é absolutamente anárquico e desprovido de qualquer regulação supranacional.

O sexto e último princípio afirma que "o realismo político defende sua autonomia da esfera política". Consagra a ideia da separação entre a política interna e a política externa do Estado. Dentro do Estado deve

existir o império da lei, o estado de direito, que limita
e autoriza as condutas dos governantes, enquanto nas
relações internacionais o Estado não tem de seguir preceitos ou regras preestabelecidas. É o império dos mais
fortes, que atuam à luz de seus interesses.

Morgenthau fez escola e o realismo político veio
a tornar-se o principal paradigma das relações internacionais nos Estados Unidos. O realismo tinha o mérito
de explicar as aspirações hegemônicas, além de justificar as inúmeras ações imperialistas empreendidas
pela superpotência ocidental. O interessante da evolução das teorias de política internacional ou de política
mundial nos celeiros acadêmicos norte-americanos é a
participação sistemática de acadêmicos na formação
da política exterior norte-americana, uma prática que
se generalizou nas sucessivas administrações da Casa
Branca, depois da Segunda Guerra Mundial. O próprio
Morgenthau trabalhou com o governo dos Estados
Unidos, no início da Guerra Fria. E, de uma plêiade de
acadêmicos realistas que imprimiram sua marca nas administrações norte-americanas e no próprio destino das
relações internacionais de determinadas épocas, cabe
destacar, entre outros, o embaixador George Kennan e
o ex-secretário de Estado Henry Kissinger.

Embora os Estados Unidos, por sua posição hegemônica no Ocidente, tenham favorecido e alimentado
a produção intelectual dos representantes do realismo,
um autor francês, Raymond Aron, também produziu

um conjunto importante de obras realistas, das quais se destaca *Paix et guerre entre les nations* (Paz e guerra entre as nações), de 1962. O pensamento de Raymond Aron influenciou muito as correntes realistas europeias, e igualmente o governo da França do general De Gaulle, pois Aron serviu como consultor desse governo.

As principais características do paradigma realista podem ser sumarizadas em três aspectos fundamentais:

a) Política interna e política internacional são consideradas duas áreas distintas e independentes entre si. O paradigma realista descarta que os princípios morais (incluídos os princípios democráticos) que norteiam a política interna dos países democráticos possam ser aplicados às relações internacionais. Na política internacional prevalecem as questões de poder e de segurança, as quais constituem a "alta política" (*high politics*), em detrimento dos demais temas internacionais, como, por exemplo, a economia e os direitos humanos, os quais constituem problemas de "baixa política" (*low politics*).

Como consequência desse quadro de anarquia permanente e inexorável das relações internacionais desenhado pelos realistas, a maior preocupação do Estado deveria ser com a sua segurança ou, nos termos em que ficou conhecido, a segurança nacional, traduzida numa ênfase das relações diplomático-estratégicas entre os Estados. Para os países ocidentais total ou parcialmente alinhados aos Estados Unidos durante o período da Guerra Fria, a segurança nacional relacionava-se à contenção do expansionismo soviético no plano internacional e ao combate aos movimentos de esquerda e das manifestações civis coletivas (como o sindicalismo) de inspiração socialista.

Veja-se o exemplo da América Latina. Durante o período da Guerra Fria, muitos governos civis foram derrubados por golpes militares apoiados pelas elites locais e pela Agência de Inteligência Norte-Americana (CIA). Foi o que ocorreu com a Guatemala (1954), com o Brasil (1964), com o Chile (1973) etc. Tais governos autoritários assimilaram a lógica bipolar da Guerra Fria e desenvolveram sua própria doutrina geopolítica. Um dos principais expoentes dessa corrente foi o general brasileiro Golbery do Couto e Silva, que elaborou a Doutrina da Segurança Nacional, espelhada em sua mais conhecida obra: *Geopolítica do Brasil* (1967).

Se, como sustenta o paradigma realista, os Estados fossem soberanos e livres num mundo anárquico, não seriam submetidos a nenhum regime de subordinação, como ocorre no plano interno: o poder público em relação à Constituição, por exemplo. Há, pois, um regime de coordenação entre os Estados, em que não existem *leis* internacionais coercitivas, como regra, mas tratados, convenções e princípios, como o do *pacta sunt servanda* (os pactos devem ser cumpridos), para orientar e harmonizar a convivência internacional. Esse modelo realista é basicamente o que prevalece no direito internacional contemporâneo.

b) Outra característica importante que personifica o paradigma realista é sua definição de ator internacional. Para os realistas, somente os Estados são reconhecidos como atores. As relações internacionais se traduziriam, assim, em relações interestatais, uma vez que somente os Estados têm relevância no sistema internacional, segundo a visão realista. As organizações internacionais, a sociedade civil e as empresas pouco ou nada significam.

No exercício de seu papel, os Estados são considerados atores racionais, ou seja, eles se comportam atendendo aos interesses nacionais definidos em termos de poder. Os realistas não admitem que o Estado possa desviar-se de sua conduta lógica, levado pelas paixões de seus governantes ou por pressões de outros atores não governamentais. Uma negociação internacional entre dois Estados poderia então ser representada como num jogo de xadrez: cada jogador equivale a um Estado.

Ainda com respeito ao caráter exclusivamente estatal das relações internacionais, é de se lembrar que elas são materializadas na configuração do direito internacional público, uma vez que somente os Estados são reconhecidos como sujeito, por exemplo, para negociar, firmar e ratificar tratados internacionais, matéria regulada pela Convenção de Viena sobre Direitos dos Tratados, de 1969. Recentemente, as organizações intergovernamentais (tais como a ONU, a OEA, o

Mercosul etc.) ganharam status de sujeito, mas as empresas transnacionais e as ONGs, consideradas atores despidos de soberania, não têm relevância para as relações jurídicas internacionais, ainda que tenham um poder de fato, em alguns casos superior ao de muitos países. Obviamente há exceções, podendo-se citar o Direito Comunitário Europeu, que dá status de sujeito a pessoas jurídicas de natureza privada.

c) O poder, traduzido na possibilidade de usar a força, é a obsessão do paradigma realista. As relações internacionais, por serem essencialmente conflituosas, marcadas pelo império da força, só podem ser vistas, interpretadas e entendidas como uma luta constante pelo domínio do poder, mediante o uso da força. Daí que a paz e a segurança internacionais só podem ser alcançadas, segundo o realismo, mediante um equilíbrio de poder (*balance of power*) entre os Estados.

Terminada a Segunda Guerra Mundial, a repartição do espólio dos vencidos e o estabelecimento de uma *nova ordem mundial* foram feitos exclusivamente pelas potências vencedoras. A criação do Conselho de Segurança da ONU, sua conformação e sua sistemática refletem o novo equilíbrio de poder que se instaurava. O paradigma realista amadureceu sob o influxo do chamado equilíbrio bipolar do poder internacional – Estados Unidos e aliados (economias capitalistas) *versus* URSS e aliados (economias planificadas).

No campo diplomático-estratégico, foram criadas duas alianças continentais, representando os dois polos de poder mundial: de um lado, a Organização do Tratado do Atlântico Norte (Otan), englobando países da Europa Ocidental e os Estados Unidos; de outro, o Pacto de Varsóvia, reunindo a então URSS e os países da Europa Oriental, que formavam a conhecida "Cortina de Ferro", separando o mundo capitalista do mundo comunista, em território europeu.

O neorrealismo

Depois de um reinado absoluto de aproximadamente trezentos anos, na década de 1960 o paradigma realista começou a ceder espaço a concepções que ofereciam outras explicações para os fenômenos internacionais. Nesse momento surgiu o *paradigma da dependência* e logo veio à tona *o paradigma da interdependência*, ambos analisados mais adiante. Durante os anos 1980, inspirados pela política externa do presidente Reagan, que reabilitou a política de terror nuclear, os autores realistas ressurgiram com nova vestimenta, aproveitando suas antigas características mas agregando outras que lhes conferiam a possibilidade de adaptar-se aos novos fatores das relações internacionais.

Essa nova configuração do paradigma realista incorporou métodos de análise considerados "científicos", tratando de dar mais credibilidade à visão realista

das relações internacionais. Seu principal representante, Kenneth Waltz, escreveu *Theory of International
Politics* (Teoria da Política Internacional), de 1983, no
qual procurou estabelecer uma verdadeira teoria geral
sobre a política internacional.

Waltz enfatizou a estrutura na análise do *sistema
internacional* em detrimento do comportamento dos
atores. Com isso, elevou a um nível muito mais abs-
trato o paradigma realista, tratando de explicar que o
sistema possui uma lógica e é preciso entendê-la para
então compreender as condutas dos atores e os fenômenos internacionais.

Atualmente, encontrar um realista puro, um
autêntico discípulo de Morgenthau, é algo um tanto
quanto raro. A visão *neorrealista*, ao incorporar novos
métodos e privilegiar a análise da estrutura do sistema
internacional, abriu um novo leque, um novo "mercado" de especulação mais afinado com o instrumental
das ciências exatas. Nesse sentido, o neorrealismo
acompanha a tendência geral das ciências sociais em
buscar nos números, nas fórmulas, nas leis naturais o
anteparo de suas formulações.

Vale registrar que essa tendência foi interrompida
pelo governo do presidente norte-americano George
W. Bush (2001-2009), cuja política externa pós-11/9,
formulada e executada por acadêmicos realistas radi-
cais (também conhecidos como "falcões"), elevou a
segurança dos Estados Unidos a um patamar absolu-

to, com a estratégia de ataques preventivos, prisões e processos ilegais (Guantánamo, em Cuba; Abu Ghraib, no Iraque) e utilização aberta e "justificada" da tortura (um crime contra a humanidade) contra supostos terroristas. Nem Maquiavel fora tão longe...

O paradigma da dependência

Quando se pensa em dependência, cogita-se sobre relações pautadas pela desigualdade, em que há atores dominantes e atores dominados, exploradores e explorados. Voltado principalmente para as relações econômicas internacionais, o *dependentismo* tem como eixo central a visão de que o sistema internacional padece de desequilíbrios; estes geram situações de injustiça em que a condição de pobreza de alguns Estados é consequência da riqueza de outros. Tradução: uns comem lagosta ou *filet mignon* e vivem bem alimentados à custa de outros que têm menos, ou nada têm, e estão a lutar por um pão com manteiga...

Se você suspeitou de que "aí tem dedo marxista", acertou. De fato, o paradigma da dependência é também conhecido como "estruturalista" ou "neomarxista", exatamente pela influência que as teorias marxistas exerceram, principalmente a teoria do imperialismo elaborada por Rosa Luxemburgo e Lênin, na interpretação dos fenômenos econômicos internacionais.

Mas, apesar do impacto que a corrente marxista causou no mundo, especialmente depois da Revolução

Bolchevique, em outubro de 1917, e do surgimento de Estados comunistas, como a ex-URSS, China, Cuba etc., a visão marxista nunca foi considerada um paradigma por si só. Alguns internacionalistas, como o espanhol Celestino Del Arenal, atribuem ao caráter eminentemente ocidental da teoria das relações internacionais e à hegemonia do paradigma realista na interpretação do conflito Leste-Oeste essa não configuração do marxismo como um paradigma independente.

Sem haver sido alçada à condição de paradigma, a corrente marxista proporcionou as ferramentas teóricas para as nações que buscavam obter sua independência em relação às potências hegemônicas, pelos idos dos anos 1950 e 1960. Muitos desses países ainda lutavam por sua independência política, durante o processo de descolonização da África e de partes do Oriente Médio e da Ásia; outros, já independentes no campo político, almejavam diminuir sua fragilidade no campo econômico. Estes eram, em sua maioria, países latino--americanos e caribenhos.

Com a criação da Cepal (Comissão Econômica para América Latina e Caribe), um dos organismos especializados do Conselho Econômico e Social da ONU, com sede em Santiago, no Chile, a intelectualidade latino-americana começou a produzir, a partir de uma visão autóctone, um conjunto de teorias sobre o desenvolvimento econômico. Desse esforço surgiu aquela que viria a ser a maior contribuição do chamado Terceiro Mundo para a disciplina relações internacionais: a *teoria da dependência*.

Raúl Prebisch, economista argentino, foi o primeiro secretário-geral da Cepal, e seu pensamento influenciou várias gerações de intelectuais latino-americanos. Prebisch desenvolveu uma teoria alternativa do comércio internacional e passou a utilizar os termos *centro*, para designar os países ricos, e *periferia*, para referir-se aos países pobres.

Ele achava que havia uma forte tendência de aumentar a brecha entre o centro industrializado e a periferia subdesenvolvida nas relações econômicas internacionais. Por isso acreditava que os países periféricos, de economia agroexportadora, deveriam desencadear um amplo processo de substituição de importações, como única possibilidade de converterem-se em países industrializados.

A partir do polo de produção e de inspiração intelectual da Cepal, outros economistas e pensadores de outras áreas, interessados também na problemática do desenvolvimento, tentaram analisar o fenômeno do subdesenvolvimento dos países latino-americanos, buscando conciliar, ou mesmo ir além da visão econômica, com interpretações e categorias sociológicas de análise.

Desse esforço acadêmico, que teve nos cientistas sociais Celso Furtado, Fernando Henrique Cardoso, Helio Jaguaribe, Theotônio dos Santos e Osvaldo

Sunkel, alguns de seus principais expoentes, nasceu nos anos 1960 a teoria da dependência.

Em *Dependência e desenvolvimento na América Latina* (1969), um dos clássicos da teoria da dependência, Fernando Henrique Cardoso e Enzo Faletto destacaram o conceito de dependência como aquele instrumento teórico que acentua tanto os aspectos econômicos do subdesenvolvimento como os processos de dominação de alguns países sobre outros e também de umas classes sobre outras, dentro de um contexto de dependência nacional.

Assim, o conceito de dependência tratava de demonstrar que a dominação existia de fora para dentro (divisão internacional do trabalho favorável aos países desenvolvidos) e também de dentro para dentro (elites locais – rurais e urbanas – da periferia aliadas aos interesses do capitalismo internacional, em detrimento dos interesses legitimamente nacionais).

O reconhecimento dos atores internacionais e de seus papéis no dependentismo é bastante distinto do realismo. Na explicação dos fenômenos internacionais, o dependentismo não se atém aos papéis específicos que um ou outro ator pode desempenhar no sistema internacional. Isso é compreensível, porque os dependentistas estavam mais preocupados em analisar as estruturas e, a partir delas, formular suas teses.

Para o dependentismo, os Estados são atores importantes do sistema, mas não são os únicos. As organizações internacionais (governamentais e não governamentais), as empresas multinacionais e os movimentos de libertação nacional são atores que o dependentismo não só reconhece como considera de importância. Vejamos caso a caso.

Por que enfatizar o papel das organizações internacionais? Porque começava a tornar-se evidente que os países menos desenvolvidos tinham mais possibilidade de defender seus interesses em foros internacionais multilaterais do que se tivessem de fazê-lo bilateralmente com países mais fortes.

Por que reconhecer – e denunciar – o papel das empresas multinacionais? Lembremos o caso da famosa *United Fruit Company*, empresa de capital norte-americano que atuava em países da América Central e que dispunha de mais poder que os próprios governos das pequenas e frágeis repúblicas agroexportadoras daquela região. Os teóricos dependentistas radiografaram o esqueleto do capitalismo internacional e nele descobriram que as multinacionais atuavam como braço político dos governos em proveito de seus próprios interesses econômicos, constituindo verdadeiros atores a influir nos destinos dos países menos desenvolvidos.

Por que destacar os movimentos de libertação nacional? Ora, o processo de descolonização da África e da Ásia confrontava as metrópoles (países independentes do centro) com as colônias (nações da periferia). Sem o reconhecimento de tais movimentos pela comunidade internacional, a luta pela independência teria sido considerada ilegítima. O papel da Assembleia Geral da ONU foi fundamental no estabelecimento de novas regras de direito internacional, cujo marco encontra-se na Resolução 2625 (XXV), de outubro de 1970, que estabeleceu o princípio da autodeterminação dos povos, hoje consagrado no ordenamento jurídico internacional.

O direito internacional, aliás, pode ser um importante instrumento de defesa na visão dependentista. À medida que o sistema internacional ganha um crescente complexo de normas internacionais de validade e aplicação universais, os países menos favorecidos poderão valer-se de tais regras para protestar, denunciar e impedir as ações unilaterais de países desenvolvidos, sejam ações militares, sejam ações de natureza econômica.

Uma terceira característica básica do dependentismo é a sua visão pessimista quanto à possibilidade de convivência harmônica entre os atores internacionais. Nesse paradigma prevalece a ideia de que todos os cenários internacionais sempre implicam um jogo de soma zero, onde há sempre um ganhador e um perdedor. Daí que a cooperação entre os países ricos e pobres não passaria de um instrumento paliativo e de legitimação do *status quo*. Uma negociação entre um país desenvolvido e outro em desenvolvimento poderia ser representada, segundo o dependentismo, como um jogo de xadrez em que os menos desenvolvidos jogariam sem algumas peças importantes – desde o início do jogo...

Entretanto, o reconhecimento de outros atores internacionais não desfigurou a importância do Estado como ator central no paradigma dependentista. Isso se justifica na medida em que ele, o Estado, é visto como um instrumento, um meio fundamental de que dispõem os países em desenvolvimento para proteger e fomentar suas economias. A estatização das companhias de petróleo no México, promovida pelo então presidente Lázaro Cárdenas, no início da Segunda Guerra Mundial, constitui um marco histórico dessa competição crescente entre os Estados em desenvolvimento e as empresas multinacionais.

Vale lembrar que a formação do paradigma da dependência revelou-se em importantes fatos que evidenciaram a insatisfação dos países menos desenvolvidos com a desigualdade econômica mundial. Na esfera global, a criação da Conferência das Nações Unidas para o Comércio e Desenvolvimento (Unctad), em 1963, avivou os debates e gerou posições de bloco entre os países subdesenvolvidos, contribuindo, na prática, para tomada de consciência mundial sobre as desigualdades entre o Norte e o Sul. Nos primórdios dos anos 1970, a proposta de criar uma *nova ordem econômica internacional* representou o ápice desse movimento. Obviamente os países desenvolvidos opuseram-se à esperada mudança na divisão do bolo internacional.

Na América Latina, a principal iniciativa intergovernamental inspirada nas teorias cepalinas foi a negociação e aprovação do Tratado de Montevidéu, em 1960, que criou a Associação Latino-Americana de Livre Comércio (Alalc). Esse organismo tinha o objetivo de estimular o chamado comércio intrarregional entre os países latino-americanos, o que – se supunha – poderia diminuir o nível de dependência da América Latina em relação aos mercados europeu e norte-americano.

Não deixa de ser interessante verificar outra face da produção intelectual do paradigma da dependência. Algumas reflexões sobre a dependência dos países do Sul, especialmente na América Latina, realizadas nos campos literário e teológico, contribuem tão ou mais fortemente do que muitos estudos acadêmicos. Por exemplo, escritores e poetas como os uruguaios Eduardo Galeano e Mario Benedetti produziram importantes obras de crítica e denúncia da exploração dos países pobres pelos ricos; no campo da teologia, teólogos como Frei Betto, Leonardo e Clodovis Boff, Pedro Casaldáliga, Ivone Gebara, o peruano Gustavo Gutiérrez, entre outros, contribuíram para a criação de uma visão terceiro-mundista da Igreja Católica, conhecida como Teologia da Libertação.

A criação do Fórum Social Mundial (FSM), em 2000, em Porto Alegre, como espaço alternativo de discussão de políticas públicas para os países em desenvolvimento, como contraponto ao Consenso de Washington e ao Fórum Econômico de Davos (Suíça) teve repercussão global e recolocou o paradigma da dependência na ordem do dia. Idealizado por brasileiros e franceses, o FSM criou o *slogan* "Um outro mundo é possível" e se tornou referência até para o Banco Mundial. Sua influência se faz sentir diretamente nos governos de esquerda que, desde o final dos anos 1990 e durante a década de 2000, venceram as eleições na Venezuela, Bolívia, Equador e Paraguai.

O paradigma da interdependência (ou da sociedade global)

Quando o canadense Marshall McLuhan publicou uma das mais polêmicas obras do século XX, *The Medium is the Message* (O meio é a mensagem), de 1967, onde ele dizia que os meios de comunicação de massa, em especial a televisão, transformariam o mundo em uma imensa "aldeia global", ainda não se tinha muito clara a noção da revolução tecnológica que estava por acontecer.

A produção em escala industrial converteu a televisão num dos mais populares bens de consumo dos últimos tempos. Por conta disso, a telinha permitiu que milhões de pessoas, famílias de todas as classes sociais, nacionalidades e religiões passassem a ter acesso aos fatos do mundo, recebendo em sua casa informações visuais, nítidas, colhidas *in loco*. Nunca a civilização humana esteve tão conectada entre si como tem estado desde os anos 1990, com a expansão da internet e dos telefones celulares. E essa tendência de diminuição das distâncias pela tecnologia dos meios de comunicação e de transporte não para aí. Estamos a presenciar a multiplicação e a sofisticação das redes de informática e de artefatos de uso pessoal, como o computador, o telefone celular e as plataformas multimídia, que estão criando um mundo novo, admirável na sua rapidez, praticidade e poder de armazenamento e transmissão de conhecimento.

Nos centros acadêmicos e empresariais, verdadeiros oráculos do mundo contemporâneo, o que mais se diz hoje em dia é que entramos na era da globalização econômica. O *know-how*, ou seja, o segredo de como se faz um produto, os recursos necessários para produzi-lo, o modo de transportá-lo, a forma de classificá-lo, tudo passou a ganhar mais e mais padrões internacionais; estes são aceitos como válidos e operantes para o mercado internacional. Com isso, um simples brinquedo, como um carrinho eletrônico, tem partes que poderiam ser produzidas no Brasil, outras no Japão, e a montagem poderia ser feita em Hong Kong, por exemplo. Esse mesmo brinquedo utilizaria pilhas fabricadas no México ou nos Estados Unidos.

Diz-se que a economia internacional transnacionalizou-se. O capital internacional corre atrás daqueles países que lhe oferecem melhores oportunidades de retorno de investimento (mão de obra qualificada, estabilidade econômica e política, legislação mais favorável ao capital estrangeiro etc.). Aquela velha história de que os países deveriam dedicar-se a produzir o que lhes é naturalmente mais fácil (teoria das vantagens comparativas, de David Ricardo), ainda defendida por alguns economistas liberais, passou a ter ínfima validade. A revolução biotecnológica, com aplicações em agricultura, veterinária, alimentação, nutrição etc., alterou o antigo quadro de determinismo geográfico. Com tecnologia de ponta, pode-se produzir quase tudo, em qualquer lugar.

Um cenário como esse, recheado de profundas transformações comunicacionais, econômicas, culturais e tecnológicas, alterou radicalmente o espectro de análise. Os paradigmas clássico e da dependência, embora em diferentes níveis, não puderam assimilar a demanda de novos fatores internacionais, motivo pelo qual começaram a surgir, desde fins da década de 1960, as primeiras obras que lançaram as bases do paradigma da interdependência.

Mas, assim como o paradigma realista, o *paradigma da interdependência* tem suas raízes em antigas escolas de pensamento que vão dos estoicos até Emmanuel Kant. Em sua configuração contemporânea, foi em meio a um ambiente acadêmico (e governamental) obcecado e acomodado na "lógica" da Guerra Fria que alguns internacionalistas norte-americanos começaram a perceber que certos fenômenos internacionais já não mais encontravam explicação satisfatória no paradigma realista.

A hegemonia norte-americana fora seriamente questionada depois da derrota no Vietnã, em fins dos anos 1960. A primeira crise do petróleo, em 1973-1974, e a decisão do então presidente Nixon de romper com o sistema de Bretton Woods, não mais permitindo a conversibilidade do ouro em dólar americano, foram eventos que desnudaram a fragilidade da economia ocidental. Por outro lado, o progresso tecnológico, que aumentou as possibilidades e a eficiência dos meios de comunicação e transporte, reduziu as distâncias físicas do planeta e aumentou os intercâmbios demográficos, econômicos e culturais. Diante de tais mutações, os internacionalistas começavam a buscar fora das concepções realistas a explicação para os fenômenos internacionais que cada vez mais ganhavam espaço.

Com o lançamento da obra *Power and Interdependence. World Politics in Transition* (Poder e interdependência. A política mundial em transição), em 1977, Robert Keohane e Joseph Nye, analisando a diminuição do poder hegemônico dos Estados Unidos, transformaram-se nos principais expoentes de uma nova corrente de pensadores que surgia naquele país. Eles lançaram a pedra angular do paradigma da sociedade global ou da interdependência.

Keohane e Nye, ao tratarem do conceito de interdependência, dizem: "Na política mundial, interdependência refere-se a situações caracterizadas por efeitos recíprocos entre países ou entre atores em diferentes países". O paradigma da interdependência, ao contrário do realista, abre as portas para os atores não governamentais e reconhece o poder que as empresas multinacionais ou transnacionais exercem sobre as relações internacionais. Os interdependentistas admitem que muitas decisões tomadas nos escritórios das grandes empresas transnacionais têm um peso maior que muitas daquelas tomadas nas sedes de governos. O Estado-nação e seu elemento fundamental – a soberania – perdem importância e tendem a desaparecer no universo percebido e analisado pelo paradigma interdependentista.

Outro pilar de sustentação do interdependentismo/globalismo é a realidade dos temas cuja natureza é comprovadamente internacional. Temas tais como meio ambiente, migrações, finanças internacionais etc. envolvem atores e formam cenários que necessariamente fogem do controle meramente estatal. Daí falar-se em soluções globais, governo supranacional, administração mundial etc. Em tal perspectiva a atuação e o papel das organizações internacionais regionais (por exemplo, a União Europeia) e mundiais (a ONU) não só tendem a aumentar em quantidade, mas tendem igualmente a substituir papéis antes destinados aos Estados, individualmente considerados.

Não é difícil imaginar qual é o papel do direito internacional no paradigma interdependentista. A multiplicidade de atores envolvidos em torno de questões comuns exige normatização e jurisdição internacional para cuidar de forma imparcial dos assuntos mundiais. Cortes arbitrais decidem sobre disputas comerciais e empresariais. Órgãos de solução de controvérsias elaboram laudos para dirimir contenciosos no sistema global (OMC) e nos sistemas regionais (União Europeia, Mercosul). Tribunais internacionais, como a Corte Internacional de Justiça da ONU, ajudam a resolver problemas globais, principalmente os relacionados aos espaços comuns, como o território marítimo. Mesmo quando não são reconhecidas ou respeitadas por uma superpotência, as decisões dos tribunais causam impacto na credibilidade e no prestígio do país perdedor da causa, a exemplo do que ocorreu no caso Nicarágua *versus* Estados Unidos (1982), em que este país, julgado à revelia por se recusar a comparecer em juízo, foi condenado por haver-se envolvido em ações militares e paramilitares contra o governo sandinista.

O globalismo aposta no direito internacional como um instrumento importante para harmonizar as relações internacionais, apesar de sua aparente fragilidade quando se trata de impor a justiça em face das ações realistas das potências.

O aumento do número de conferências internacionais promovidas pela ONU demonstra a necessidade de discutir e regular globalmente temas que afetam todo o planeta. O tema do meio ambiente é dos mais exemplificativos. Tome-se o caso da mudança climática. Se um pequeno grupo de países (por exemplo, os países nórdicos) decidisse não mais permitir a emissão de CO_2 na atmosfera dentro de seus territórios, acaso tal decisão teria o poder de impedir que a Terra viesse a sofrer um aquecimento global no futuro? Infelizmente, não. Por isso foi preciso negociar e aprovar a Convenção da ONU sobre Mudança Climática durante a Rio/92, e o Protocolo de Kyoto (1997) a fim de que todos os países estabelecessem uma estratégia comum para impedir que o planeta venha a sofrer o chamado "efeito estufa", um aumento da temperatura global devido às emissões de CO_2 na atmosfera, que poderá tanto aumentar os atuais níveis dos oceanos (gerando inundações) quanto provocar a desertificação dos solos, em diversas regiões da Terra.

A rede de vínculos de interdependência entre os atores estatais e os demais atores internacionais provoca um aumento na demanda por meios de solução pacífica de controvérsias. A negociação é o principal deles. Por que negociar? Se um ator internacional tem um objetivo e não pode alcançá-lo sozinho, dependendo, pois, da atuação (ou omissão) de outro(s) para obter seu desiderato, das duas uma: ou haverá um conflito que poderá redundar em violência e uso da força, ou haverá cooperação mediante negociação, em que todos se propõem a atingir um ou mais fins. Ao evidenciar o alto custo dos conflitos, o globalismo anuncia as vantagens da solidariedade e da cooperação para todos os atores que necessariamente convivem num grande mercado articulado e habitam um espaço único e indivisível: a biosfera.

Para quem se interessa pelo tema da negociação internacional, é bom saber que, segundo o interdependentismo, ela não pode ser vista como um jogo de xadrez convencional. Porque, reconhecendo-se o poder e a influência dos atores não governamentais, o jogo precisaria ter mais de um tabuleiro para ser compreendido: o primeiro tabuleiro, o das negociações internacionais, em que o Estado negocia posições com seus pares; o segundo, o das negociações intranacionais, em que o governo negocia com os atores domésticos (sociedade civil, empresas nacionais e multinacionais, sindicatos, burocracia etc.). Num mundo globalizado, a permanente interação entre o primeiro e o segundo tabuleiros, um exercendo influência sobre o outro, é inevitável.

Resumindo, o paradigma da interdependência tem as seguintes características:

I) O Estado-nação não é o único ator internacional das relações internacionais. A sociedade civil organizada, as organizações governamentais mundiais e regionais, bem como as empresas transnacionais, as ONGs, as igrejas e até mesmo os indivíduos são atores que desempenham papéis às vezes mais importantes ou mais influentes do que os exercidos pelos Estados. Essa é uma das diferenças marcantes entre o paradigma realista e o interdependentista.

As empresas transnacionais têm reconhecido o seu fantástico poder internacional e são vistas como as verdadeiras protagonistas das relações econômicas internacionais. Em temas como o meio ambiente, direitos humanos e democracia, as ONGs se transnacionalizam e ganham destaque por seu poder de pressão e de mobilização da opinião pública.

Essa pluralidade de atores internacionais descentraliza as tradicionais instâncias de poder mundial, multipolarizando-o tanto geográfica quanto tematicamente. Tais instâncias de poder encontram-se vinculadas por emaranhados mais ou menos complexos de redes de interdependência, cuja natureza é cada vez mais global e menos estatal ou regional.

2) As questões de estratégia política/militar perdem importância dentro da lógica globalista. São os temas econômicos, ambientais, demográficos e todos aqueles que criam redes de interdependência ou delas dependem que constituem os principais temas internacionais que dão vida às relações internacionais. Conceitos lapidares do realismo, como "interesse nacional" e "soberania do Estado", que distinguiam e separavam rigidamente a esfera nacional da internacional, passam a ser gradativamente relativizados pela ascendência de interesses globais que vinculam e amarram todos os atores em torno dos mesmos temas. Nessa esteira, entram as organizações internacionais regionais e mundiais como possíveis depositárias de governos su-

pranacionais sobre temas de natureza global. O FMI, no campo financeiro, e a União Europeia, no campo político-econômico, constituem dois exemplos atuais de instâncias supranacionais, uma de política financeira mundial e outra de política regional de integração.

Um paradigma da paz?

Ao contrário dos tópicos anteriores, este constitui uma indagação. Por quê? Os estudos e as pesquisas sobre o fenômeno da paz são recentes nas relações internacionais e ainda não são aceitos pela maioria dos internacionalistas como formadores de um paradigma. Não obstante, é cada dia maior o número de instituições acadêmicas que promovem estudos e adotam disciplinas voltadas para o estudo do fenômeno da paz no mundo.

Johan Galtung, professor norueguês, é um pioneiro na matéria. Fundador e diretor do Internacional Peace Research Institute (Ipri), de Oslo (Noruega), lançou sua concepção de paz no editorial do primeiro número do *Journal of Peace Research*, do Ipri, em 1964, fincando as bases do paradigma da paz.

Galtung afirma que há dois tipos de paz: a negativa e a positiva. Paz negativa significa apenas a ausência de violência e guerra. Paz positiva significa a integração da sociedade humana. A verdadeira paz, a partir dessa concepção, só deve ser concebida como uma consequência de ações, não de omissões. O desarmamento, a desmilitarização, a proteção dos direitos humanos, o combate às desigualdades e injustiças socioeconômicas, bem como a formulação e o aprendizado da convivência pacífica, por meio da educação para a paz, refletem essa nova visão.

Segundo Galtung, a violência é fruto de uma rede de tensões de natureza socioeconômica, que se manifesta globalmente tanto nos níveis nacionais quanto no âmbito internacional. Daí surge a noção de violência estrutural, que trata de explicar a agudização dos conflitos como fruto das disparidades socioeconômicas.

Nas áreas cultural, científica e educacional, a Unesco, com sede em Paris, lançou há algum tempo o projeto "Educação para a paz", o qual congregou escolas de vários países, visando articular o ensino com a perspectiva da paz. A Universidade das Nações Unidas, com sede em Tóquio, se dedica permanentemente ao tema. Outras organizações como a Universidade para a Paz (Upeace), criada pela ONU e estabelecida em San José (Costa Rica), a Universidade de Uppsala (Suécia) e a Academia de Direito Internacional de Haia (Países Baixos), igualmente têm programas de prevenção e de resolução pacífica de conflitos e de educação para a paz. A International Peace Research Association (Ipra) teve papel importante nos anos 1970 e 1980.

No Brasil, somente nos anos 1980 os estudos sobre a paz ganharam contorno acadêmico, sobretudo com as pesquisas e as obras de pioneiros, a exemplo dos cientistas políticos Clóvis Brigagão e Nielsen de Paula Pires. Nos anos 1990 surgem organizações da sociedade civil dedicadas ao tema da inclusão social e da criação de projetos e mecanismos de uma cultura de paz, como a ONG Viva Rio.

Para o paradigma da paz, a perspectiva educacional é importantíssima, na medida em que se assume que a violência não é atávica, não é inerente ao ser humano, mas um produto de sua cultura. O velho provérbio latino *si vis pacem para bellum* (se queres a paz, prepara-te para a guerra) deve ser substituído por *si vis pacem para pacem* (se queres a paz, prepara-te para a paz). Para alcançar a verdadeira paz – positiva – é necessário, portanto, substituir a *cultura da guerra* pela *cultura da paz*.

O fim da Guerra Fria e os paradigmas das relações internacionais

O fim da Guerra Fria colocou em xeque o sistema bipolar de equilíbrio mundial, criando um novo dilema para os internacionalistas. Como se configurou a nova ordem mundial? Tal como pudemos verificar, o paradigma realista considera que todo e qualquer sistema internacional necessita de um equilíbrio de poder entre as potências, e tal equilíbrio deve traduzir-se em poder estratégico-militar. O que se vê no cenário do pós-Guerra Fria é a permanência de uma única super-potência, os Estados Unidos, em meio a potências com poder militar nuclear (China, Rússia, Índia etc.) e outras com poderio econômico (Japão, Alemanha/União Europeia) e outras denominadas emergentes (África do Sul, Brasil/Mercosul, Índia).

A distribuição do poder mundial e sua influência no equilíbrio do poder internacional são vistas de diferentes ângulos. Em geral, boa parte dos realistas vê o sistema internacional regido atualmente apenas pela única superpotência com capacidade militar e econômica globais: os Estados Unidos. De acordo com essa avaliação, existe uma nova lógica unipolar de poder mundial, em que os Estados Unidos são o único Estado a contar com capacidade de intervenção estratégico--militar e de liderança para tal em todo o planeta. Sob esse prisma, as instâncias multilaterais deveriam ser aperfeiçoadas, adaptadas, a fim de manter a hegemonia norte-americana no mundo.

Por outro lado, a maioria dos interdependentistas considera que uma de suas principais bandeiras – a importância dos fluxos econômicos – é o que define verdadeiramente a distribuição do poder mundial, cuja natureza é multipolar (América do Norte, bacia do Pacífico – com ênfase no Japão – e União Europeia – com ênfase na Alemanha). Segundo a visão globalista, a nova ordem mundial já estava em curso antes mesmo do fim da Guerra Fria, por meio da globalização da economia e da necessidade de gestão global de certos temas (como o do meio ambiente).

Mesmo admitindo que os Estados Unidos mantêm seu poderio, os interdependentistas alegam que os Estados Unidos perderam sua condição de país hegemônico e já não podem mais suportar ações militares no cenário internacional. A necessidade que os Estados Unidos têm de contar com forças internacionais tanto para as intervenções aprovadas pela ONU (Cap. VII da Carta) quanto para ações unilaterais sem base jurídica (invasão do Iraque, em 2003) são uma prova disso. Daí a necessidade de reestruturar as organizações internacionais mundiais (ONU), ou regionais (Otan, OEA), a fim de dotá-las de instrumentos efetivos de ação estratégica, distribuindo custos e responsabilidades entre seus membros. Igualmente, o globalismo avaliza o papel das ONGs como "fiscalizadoras internacionais", em temas como os direitos humanos, a democracia e o meio ambiente.

Os dependentistas, ao estabelecer uma visão das relações internacionais pautada na (má) distribuição da riqueza mundial, encontram novo terreno de especulação no pós-Guerra Fria. Com o fim do conflito Leste-Oeste, ficou mais fácil perceber o conflito entre um centro industrializado e os demais países, evidenciando não só o tradicional conflito Norte-Sul, mas também outros, como o Leste-Oeste na Europa, ou ainda entre países do Sul em diferentes graus de desenvolvimento.

Apesar da globalização da economia e do aumento dos fluxos de comunicação, a periferia está muito mais frágil e descoberta do que antes. Por quê? Ora, durante a Guerra Fria, muitos países periféricos podiam negociar e obter recursos em troca de apoio a um dos dois blocos, seja o capitalista, seja o outrora comunista. Esse rico manancial de recursos que chegavam via cooperação, empréstimos ou doações deixou de existir com o fim da Guerra Fria, já que os antigos blocos não mais necessitam de apoios estratégicos e/ou ideológicos.

Como se esboça a nova ordem mundial segundo os dependentistas? Dramática para os países da periferia. O processo de globalização da economia, ao estar estruturado na competição tecnológica entre os atores internacionais e na redução do papel do Estado na economia, transforma o cenário internacional num amplo ringue de boxe, onde os países desenvolvidos seriam lutadores pesos-pesados e os países em desenvolvimento, pesos-penas. Lutas assim não costumam passar do primeiro *round*...

Há, no entanto, um cenário pior do que aquele onde grassa a dependência: o tão festejado processo de globalização e competição econômica, ao mesmo tempo que aumenta a conexão e os vínculos entre os atores internacionais, também pode desconectar do cenário mundial aqueles países ou aquelas regiões que, por motivos vários (não só econômicos, mas também culturais, políticos etc.), não conseguem ajustar-se aos novos esquemas produtivos ocidentais. Como é possível que um país possa ser desconectado do sistema internacional? Os países menos desenvolvidos, com altos índices da analfabetismo, de mortalidade infantil etc., que supostamente não oferecem "perigo" para o sistema (não têm artefatos nucleares, não possuem reservas ambientais importantes, não são fornecedores de energia – leia-se combustível fóssil – etc.) poderiam sofrer uma desconexão, o que, para os países do centro, não causaria grandes transtornos. Seria como desconectar um aparelho elétrico porque ele deixou de funcionar e o seu conserto ficaria caro.

A continuar navegando nesse rumo, o mundo desenvolvido poderá levantar verdadeiras muralhas e deixar milhões de pessoas que vivem na periferia sucumbir no pântano do esquecimento. O próprio vínculo da dependência da periferia com o centro deixaria de existir. A questão chega a tal ponto que, para alguns países, é melhor ser dependente – o que assegura um vínculo de conexão com a economia mundial – do que ser desconectado – o que lhe daria *status* de "peça em desuso" na órbita internacional. O Haiti é um exemplo dramático de tal situação.

Para o paradigma da paz, o fim da Guerra Fria e a consequente diminuição da ameaça de confronto nuclear reforçam um de seus princípios: o de que é possível construir a paz, promovendo o desarmamento e a desmilitarização do mundo. Igualmente, ele vem des-

tacando os verdadeiros problemas geradores da violência estrutural, como os problemas socioeconômicos,
ambientais e humanitários. Nesse sentido, as políticas
neoliberais (diminuição e reforma do Estado, com vistas à eficiência, transferência da exploração e gestão de
recursos naturais para as mãos de empresas transnacionais, controles macroeconômicos que não levam em
conta a realidade social dos países) são, cada vez mais,
reconhecidas como causadoras da violência estrutural. Sua globalização, estimulada pelo FMI, pelo Banco
Mundial e pelos principais atores privados transnacionais que se reúnem no Fórum de Davos, é apontada
como a principal causadora da violência estrutural em
países do sul, cujos governos têm sido levados a cumprir programas de ajuste, a fim de continuar obtendo
créditos internacionais.

Os guerrilheiros zapatistas que, em janeiro de
1994, tomaram várias cidades de Chiapas, no sul do
México, tornaram-se um símbolo do chamado movimento antiglobalização que avançou nos anos 1990 e
teve seu ponto culminante no Fórum Social Mundial,
que se transformou no principal contraponto às ideias e
práticas do mundo globalizado da economia.

O 11/9

Os ataques terroristas que destruíram as torres
gêmeas do World Trade Center em Nova York e parte

do edifício do Pentágono, em Washington, em 11 de setembro de 2001, passaram a ser interpretados por muitos internacionalistas como novo marco de referência para a prática e o estudo das relações internacionais. Houve dois fatores novos nesse episódio: 1) Pela primeira vez na história, os Estados Unidos foram atacados em seu território continental (recordemos que o ataque japonês a Pearl Harbor, nos anos 1940, foi contra uma base americana no Pacífico); 2) O ataque não foi feito por outro país, mas por uma organização terrorista, a Al Qaeda.

A reação dos Estados Unidos foi desproporcional: criou uma nova doutrina (Doutrina Bush) e contaminou todo o planeta. Dela não surgiu um novo paradigma, mas se exacerbou o comportamento dos realistas políticos, apoiadores e executores de uma política internacional capitaneada pelos Estados Unidos que elevou o tema de segurança a alturas estratosféricas, com a adoção do conceito de ataques preventivos (legítima defesa preventiva) e de securitização das relações internacionais (o tema da segurança passou a definir todas as políticas públicas dos Estados Unidos e dos organismos multilaterais, estes sob intensa pressão americana).

O governo George W. Bush, finalizado em 2009, e o fracasso das políticas adotadas com base em sua doutrina deixaram sequelas profundas nas relações internacionais. A própria hegemonia dos Estados Unidos foi abalada pelo efeito devastador que a Doutrina

Bush causou na democracia, nos direitos humanos e na economia, dentro e fora dos Estados Unidos. A vitória do presidente democrata Barack Obama em 2008 foi, em grande medida, uma resposta do povo americano a esses estragos provocados pela tenebrosa e truculenta Era Bush.

A questão de como lidar com uma nova realidade internacional, com elevados graus de fragmentação, com novos atores não estatais, desterritorializados, permanece como desafio para todos os paradigmas.

Que são relações internacionais?

Verificamos a existência de diferentes concepções teóricas das relações internacionais. Não poderíamos terminar este capítulo sem refletir sobre a possibilidade de um conceito, de uma definição que possa traduzir o que vêm a ser relações internacionais, independentemente de cada um dos paradigmas.

Marcel Merle, por exemplo, considera que, enquanto o Estado subsistir como ator e sua existência se materializar sobre um território, o critério de "fronteira" continua sendo válido. Por isso, ele qualifica as relações internacionais como "todos os fluxos que cruzam as fronteiras ou que inclusive tendem a transcendê--las". O professor Merle complementa sua convicção dizendo: "Entre esses fluxos figuram logicamente as relações entre os governos dos Estados, mas também as relações entre indivíduos, grupos públicos ou privados, situados de cada lado de uma fronteira".

Celestino Del Arenal, professor da Universidade Complutense de Madri, e cujo livro *Introducción a las relaciones internacionales* (1990) oferece uma visão exaustiva sobre a matéria, propõe a seguinte definição: "São as relações entre indivíduos e coletividades humanas que configuram e afetam a sociedade internacional". Celestino, defensor da autonomia científica das relações internacionais, diz também que: "As relações internacionais são a ciência que se ocupa da sociedade internacional, a partir da perspectiva desta mesma sociedade internacional, e a teoria das relações internacionais é uma teoria da sociedade internacional". De acordo com o pensamento do professor Celestino, a sociedade internacional seria então o objeto de estudo das relações internacionais.

No Brasil, onde a influência da academia norte-americana é exagerada em muitos cursos de relações internacionais (graduação e pós-graduação), com consequências negativas para a produção de pesquisas e a formação de internacionalistas brasileiros com senso crítico e autonomia intelectual, vale citar o conceito que Paulo-Edgar Almeida Resende, professor da pós-graduação em Relações Internacionais da PUC-SP, desenvolveu para a área: relações internacionais como *confluência de saberes*.

A sociedade internacional – o conjunto de atores de distinta natureza que compartilham um espaço comum (o planeta Terra) e os fluxos que existem entre eles, a gerar fenômenos internacionais, nos campos da política, da economia, da cultura, do meio ambiente etc. – pode ser considerada a protagonista dessa disciplina complexa, instigante, necessariamente inter e multidisciplinar que chamamos de relações internacionais. Assim, leitoras e leitores, terminamos a parte inicial de nossa refeição. Que tal entrarmos no prato forte?

O PRATO FORTE: OS GRANDES TEMAS INTERNACIONAIS (OU MUNDIAIS)

Neste capítulo, trato dos principais temas internacionais (também chamados de mundiais). Cada um deles já mereceu (ou mereceria) livros inteiros para explicá-los, de maneira que pretendo apenas situá-los nas relações internacionais, com alguns comentários sobre cada um, em ordem alfabética. Fico na torcida para que o leitor "saia correndo" em busca de mais informações de seu peculiar interesse. Tentei fazer o possível para relacionar temas que podem ser encontrados na agenda de internacionalistas de variadas latitudes e longitudes.

Comércio internacional

Historicamente, o comércio tem sido fonte de sistemáticos intercâmbios entre povos, nações e Estados. Talvez a mais conhecida imagem do comércio internacional, como fonte das relações internacionais, seja a das viagens de Marco Polo, o famoso mercador veneziano. Ele teria inaugurado as rotas comerciais entre o Ocidente e o Oriente, durante a Idade Média, e seu relato sobre as riquezas orientais encorajou os navegadores portugueses a lançarem-se em busca de uma nova rota para o Oriente, dando início à era dos descobrimentos.

O comércio internacional, tal como existe hoje, é um dos pilares da economia internacional, cuja configuração materializou-se a partir de acontecimentos imediatamente posteriores ao término da Segunda Guerra Mundial. Foram os Acordos de Bretton Woods (assim chamados por terem ocorrido nessa cidade do estado norte-americano de New Hampshire, em 1944) que instituíram o sistema econômico mundial do pós-guerra, mediante a criação de duas organizações: o Fundo Monetário Internacional (FMI) e o Banco Mundial, ambos com sede em Washington, e de um organismo, o Acordo Geral sobre Tarifas e Comércio (Gatt – *General Agreement on Tariffs and Trade*), este materializado na Conferência de Havana, em 1947, e com sede em Genebra. Em 1995, o Gatt foi substituído pela Organização Mundial do Comércio (OMC). Dessa forma, FMI, Banco Mundial e OMC compõem atualmente o chamado Sistema de Bretton Woods.

Ao contrário do FMI e do Banco Mundial, o Gatt não tinha a estrutura de uma organização internacional. Inicialmente, ele fora concebido para ser uma organização, mas os Estados Unidos não apoiaram a sua aprovação, por considerarem que ela seria prejudicial aos seus interesses. O Gatt passou a funcionar então como um secretariado com atribuições de gerenciar os acordos realizados e apoiar as negociações em curso.

O Gatt foi criado para liberalizar progressivamente o comércio internacional. Liberalizar de quê? Para quê? Ou, para quem? Ora, todos os países, em diferentes momentos e em distintos graus de intensidade, procuraram desenvolver suas economias nacionais por meio das denominadas *barreiras tarifárias* (ou alfandegárias).

Aí vai a explicação: um país resolve impor barreiras tarifárias sobre determinados produtos estrangeiros, encarecendo seus preços. Dessa forma, tenta proteger sua própria produção doméstica de produtos iguais ou similares. Esse é o motivo pelo qual foram apelidadas de "políticas protecionistas" as estratégias que beneficiam a produção interna em detrimento dos produtos importados. Tal prática foi largamente adotada pela França, pela Inglaterra, pelos Estados Unidos etc. quando suas respectivas indústrias ainda engatinhavam. Uma vez que os países desenvolvidos foram consolidando sua hegemonia econômica, passaram a criticar o protecionismo e a pressionar os outros países a abrir suas economias. Uma retórica do "faça o que eu digo e não faça o que eu já fiz".

Contudo, o protecionismo não se resume, como antes, às barreiras tarifárias. Na realidade, são as chamadas barreiras não tarifárias que constituem o novo tipo de entrave ao comércio internacional. Restrições voluntárias de exportação, cotas de importação, concorrência desleal (*dumping*), além de inúmeras exigências de ordem administrativa, fitossanitária, ambiental (selo verde) etc., são os novos obstáculos ao comércio internacional. Por isso, atenção: os países desenvolvidos continuam sendo protecionistas, porém estão utilizando maneiras mais refinadas de sê-lo. Muito a propósito, o ex-presidente George Bush (pai do também ex-presidente George W. Bush), em visita ao Brasil, afirmou: "Os Estados Unidos não são puros, também são protecionistas" (*Gazeta Mercantil*, São Paulo, 22/5/1993).

Desde a sua criação até a transformação em OMC, o Gatt promoveu rodadas de negociação visando à liberação progressiva do comércio internacional. A última delas, a Rodada Uruguai (o nome se deve ao país onde ocorreu a primeira rodada de negociação dessa série), começou em setembro de 1986 e terminou em dezembro de 1993. Considerado um dos fatos mais importantes das relações internacionais, o novo acordo assinado envolveu uma complexa rede de temas e de interesses (agricultura, propriedade intelectual, serviços), objeto de uma verdadeira *guerra comercial* entre os atores governamentais e os poderosos grupos de pressão formados pelas empresas transnacionais.

Com a Organização Mundial do Comércio (OMC), a comunidade internacional passou a contar com uma organização intergovernamental robusta. Desde 1995, ela se consolida como principal foro de negociações e disputas do comércio internacional, envolvendo desde o comércio de produtos agrícolas (por exemplo, o caso das bananas entre os Estados Unidos e a União Europeia) até produtos tecnológicos, como aviões (por exemplo, o caso Bombardier/Canadá *versus* Embraer/Brasil). A vantagem da OMC em relação ao antigo Gatt é o seu mecanismo de solução de controvérsias, os *panels* de arbitragem, que resolvem os conflitos e têm força obrigatória. Quando um país perde uma disputa, o país vencedor tem direito a aplicar medidas compensatórias com base no direito internacional, fato que por si só estimula os países em conflito a encontrar uma saída política e diplomática.

Um dos temas mais quentes da OMC tem sido o embate entre o princípio da primazia da saúde sobre o comércio e a defesa do princípio da propriedade, previsto no Acordo de Propriedade Intelectual do Gatt (Trips). Incentivados pelo governo brasileiro nos anos 1990, a Organização Mundial da Saúde (OMS) e o Conselho de Direitos Humanos da ONU apoiam a quebra de patentes de remédios em caso de tratamento de epidemias, ou seja, um país poderia fabricar um medicamento mais barato sem ter de pagar *royalties* para as empresas que detêm a patente do remédio. A OMC admite que os países em desenvolvimento possam comprar remédios mais baratos, mas é reticente quanto à quebra de patentes... Em 2007, o Brasil se tornou o primeiro país do mundo a licenciar compulsoriamente um medicamento antirretroviral, para tratamento do HIV/AIDS, de um laboratório norte-americano.

Em seu início, a OMC enfrentou grandes dificuldades para lançar novas rodadas de negociação por causa do movimento antiglobalização. A tentativa de lançar uma Rodada do Milênio, em Seattle, nos Estados Unidos, no final de 1999, fracassou devido a ações espetaculares da sociedade civil global mobilizada contra o que se considerava o aprofundamento do neoliberalismo. Em novembro de 2001, a OMC conseguiu lançar a Rodada de Doha, no Quatar, longínquo país árabe do Oriente Médio, que dificultou os protestos e bloqueios da sociedade civil global. A Rodada de Doha permanece em negociação, com grandes impasses que envolvem os pleitos dos países agrícolas (liderados por Brasil e Índia) e as demandas de abertura de serviços pelos países desenvolvidos (Estados Unidos e União Europeia). Os pedidos de ingresso da Rússia e da China à OMC conferiram à OMC o caráter universal que a faz mais relevante no cenário internacional.

Crime organizado transnacional

A figura impagável de Al Capone, mafioso ítalo--americano, que atuou na Chicago da década de 1920, é o símbolo do criminoso cerebrino e brutal, que enfrenta as autoridades e justifica o seu negócio como um comércio que atende à demanda da própria sociedade. Capone nunca foi preso pelos crimes de contrabando, assassinato e organização criminosa. O judiciário e a polícia de Chicago só conseguiram condená-lo e prendê-lo em razão de crime de sonegação fiscal.

A literatura, o teatro e o cinema sempre se interessaram por personagens de criminosos, quer pelo apelo de sua crítica mordaz ao cinismo da sociedade (lembremos o Coringa do Batman), quer por sua inteligência e destreza (furtos e roubos espetaculares) ou até pelo *glamour* de seu estilo de vida (fruto da corrupção dos valores sociais), mas o crime organizado se sofisticou, se diversificou e se fortaleceu com as novas tecnologias e a globalização.

O crime organizado deixou de ser uma prática localizada, menor, mera questão de polícia. De romântico nada mais tem, se é que algum dia teve. O Estado-nação balança, se desequilibra, em muitos casos sucumbe diante do poder do crime organizado transnacional da atualidade. E o cidadão se torna um ser frágil, vulnerável e indefeso diante da prática criminosa organizada. Suas principais modalidades são: narcotráfico, tráfico de armas, tráfico de pessoas.

Tomemos o caso do narcotráfico.

Drogas, entorpecentes, narcóticos, psicotrópicos, tóxicos. As restrições às substâncias que causam alterações de comportamento e dependência são normalmente reguladas pela legislação nacional de cada Estado. No entanto, há um consenso (que vem sendo cada vez mais questionado) no mundo quanto ao combate ao consumo, ao tráfico e à produção das drogas derivadas da erva da coca (*Erythroxylum coca*), da maconha (*Cannabis sativa*) e do ópio (gênero *Papaver*). Elas movimentam o grosso do mercado internacional de drogas ilícitas.

Existem países cujas economias dependem "em boa dose" da produção da matéria-prima ou dos derivados da droga e de sua comercialização. Casos bem conhecidos são os do Peru e da Bolívia (produtores mundiais da folha da coca), da Colômbia (maior produtor mundial de cocaína) e de Myanmar/Birmânia e Afeganistão (grandes produtores mundiais de ópio e de seu derivado, a heroína). Ao mesmo tempo, os mercados de consumo, onde há o maior grau de dependência das drogas, encontram-se na América do Norte, na Europa e nas cidades grandes e médias da América Latina e Caribe, da Ásia e da Oceania.

Quais são os atores internacionais envolvidos no negócio? Há os traficantes, cujos grupos mais atuantes são os cartéis colombianos e mexicanos para a cocaína; as tríades chinesas de Hong Kong para a heroína do triângulo de ouro do Sudoeste Asiático (Tailândia, Myanmar/Birmânia e Laos); e a máfia italiana para a heroína do Crescente de Ouro do Oriente Próximo.

Há os atores financeiros, especialmente bancos que atuam nos chamados "paraísos fiscais", que possibilitam sigilo absoluto e isenção fiscal a seus clientes. Dessa forma podem efetuar a operação conhecida como "lavagem do dinheiro" (conversão do capital amealhado ilegalmente em bens móveis ou imóveis).

A completar o tripé do comércio internacional das drogas ilícitas estão os atores governamentais. Políticos e funcionários públicos, policiais, juízes e ministros de Estado, em especial onde os cartéis do tráfico e as instituições financeiras "lavam" o dinheiro em maior volume. Nos países onde atuam os cartéis ou as instituições financeiras mais comprometidas com o negócio, a esfera governamental sofre todo tipo de pressões, que vão da corrupção e da chantagem até a liquidação física.

Há portanto grandes interesses comuns no tema do narcotráfico, envolvendo instituições financeiras, consumidores, cartéis do tráfico, governos e produtores. Na América Latina é de se mencionar outro fator que gerou a participação de um quarto ator na questão do narcotráfico. Desde a década de 1960, as guerrilhas, grupos paramilitares insatisfeitos com o *status quo* civil ou militar, passaram a atuar em diversas regiões do continente. Algumas delas – não todas – aliaram-se aos traficantes de drogas a fim de obter recursos para sua causa revolucionária. Os narcotraficantes "doavam" dinheiro para as guerrilhas, que compravam armas e se comprometiam a "proteger" a indústria da droga. Um

círculo vicioso e fatal para as estruturas estatais, mal
aparelhadas e suscetíveis à corrupção.

São vários os acordos internacionais relacionados ao tema. Vale citar aqui a Convenção das Nações Unidas Contra o Tráfico Ilícito de Entorpecentes,
aprovada em 1988, cujos objetivos foram reafirmados
na Conferência de Viena, de 2008, sob a égide do Escritório das Nações Unidas para o Crime e as Drogas
(Unodc). Bilateralmente, os países tratam de criar regimes de combate, incluindo cooperação policial, judicial
etc., como é o caso dos Estados Unidos tanto com a
Colômbia quanto com o México. Vale destacar a atuação da Organização Internacional de Polícia Criminal
(Interpol), com sede em Lyon (França), que também
ajuda a combater fatos ilícitos internacionais.

O internacionalista Thiago Rodrigues mostra
como toda essa trama se insere numa geopolítica das
drogas, um tema cuja importância tenderá a aumentar pela pressão dos Estados Unidos – maior mercado
consumidor – sobre os governos dos países em desenvolvimento, especialmente os latino-americanos e caribenhos, numa lógica particular de guerra às drogas.

Soluções? Espera-se que os países desenvolvidos empenhem-se em combater o consumo de drogas
dentro de suas fronteiras ou o regulamentem e o sub-
metam às agências de controles sanitários. Ao mesmo
tempo, espera-se que os países desenvolvidos e as organizações internacionais incentivem os governos dos

países em desenvolvimento, mediante programas realistas de cooperação técnica, promovendo a substituição do plantio das drogas por outras culturas lícitas. Só há um pequeno detalhe: de nada adiantará promover essa substituição, se esses mesmos países desenvolvidos fecharem seus mercados (protecionismo) para os produtos lícitos dos países em desenvolvimento. Em sentido oposto, Evo Morales, presidente da Bolívia, vem tentando sensibilizar a comunidade internacional sobre a importância do plantio da coca para os camponeses bolivianos, como parte de sua identidade, assim como o queijo integra a vida do suíço, do francês. Isso mostra como o tema do narcotráfico é muito complexo e pode ser entendido também como parte de uma problemática cultural. Além disso, grande parte dos consumidores de drogas se torna viciada, são pessoas doentes que necessitam de tratamento. Não é apenas uma questão de combate ao crime, mas de saúde pública, de direitos humanos sociais. Essa dimensão do narcotráfico também tem sido discutida na Organização Mundial da Saúde e no âmbito da comunidade dos profissionais da saúde pelo mundo.

Desde o fim da Guerra Fria, o combate às drogas se converteu num seriíssimo candidato para preencher o vazio estratégico que os atores militares (incluindo a rentável indústria militar) têm buscado com sofreguidão. Ou seja, a fim de justificar sua existência e seus orçamentos, os militares reivindicariam a atuação direta no combate ao narcotráfico, tanto nas fronteiras quanto nos "nichos" de produção e de tráfico. Embora, considerando-se que os arsenais dos narcotraficantes são muito mais modernos e poderosos que aqueles de que dispõem as polícias civis, a melhor solução não seja militarizar o combate, pois isso significaria escalonar o conflito. É preciso buscar a eficácia do combate ao narcotráfico fora do âmbito militar, aumentando os recursos financeiros e tecnológicos das polícias civis e incrementando sua cooperação com outros órgãos do Estado (Receita Federal, Banco Central etc.), bem como a cooperação internacional. E, principalmente, aumentando o esclarecimento da opinião pública sobre os malefícios irreversíveis causados pelo consumo de drogas.

O caso do narcotráfico ilustra bem a problemática global do crime organizado transnacional. Mas o desafio é mais amplo. No ano de 2000, foi aprovada a Convenção da ONU contra o Crime Organizado Transnacional (Convenção de Palermo), com três Protocolos (Tráfico de pessoas, Tráfico de migrantes e Tráfico de armas). Em vigor desde 2003, essa convenção criou mecanismos de cooperação direta para facilitar o combate internacional à criminalidade transnacional. Em relação ao tráfico de pessoas, em que seres humanos são o objeto do crime, o enfrentamento ao tráfico se desenvolve com base no tripé *prevenção-responsabilização-atendimento*. O desafio é não reduzir a questão a um problema criminal, mas conferir-lhe a dimensão humana, a noção da tragédia humana que deve ser compreendida e traduzida em políticas públicas voltadas para a cidadania.

Cabe dizer uma última palavra sobre o terrorismo como crime internacional. Não há dúvida de que a comunidade internacional abomina a prática do terrorismo e as organizações internacionais, globais e regionais trabalham pelo seu enfrentamento e eliminação. Mas, à semelhança do narcotráfico, o terrorismo não pode ser reduzido a um problema de insanos, loucos e bandidos. Há profundas raízes sociais, econômicas, políticas e culturais que alimentam grupos, redes e organizações que, depois do 11/9, passaram a ser percebidas como ameaça à segurança do mundo. Entretanto, ao contrário de outros crimes tipificados pela ONU, não existe uma definição universal e aceita do que é o terrorismo. Exemplo dessa discrepância é o caso de guerrilhas (as FARC, na Colômbia) ou de partidos políticos (o Hamas, na Palestina). Para alguns países, trata-se de grupos terroristas; para outros, trata-se de grupos insurgentes ou partidos legítimos. Não se pode esquecer que o Estado-nação também pode ser considerado terrorista. Complicado, não?

Democracia

Na Grécia antiga, os atenienses reuniam-se na *ágora* (praça pública) e deliberavam sobre os destinos da *polis* (cidade). Naquela época, estavam excluídas as mulheres, os escravos e todos aqueles que não tinham status de cidadão. Transcorridos quatro milênios do surgimento da democracia grega, o conceito de cidadania modificou-se e o exercício da legítima vontade popular é algo bem mais complexo de ser praticado.

Na esfera política, o regime democrático, nos moldes em que o conhecemos hoje, nasceu na Europa Ocidental com as ideias iluministas do século XVIII, que fomentaram a independência norte-americana, em 1776, e a Revolução Francesa, em 1789. Jean-Jacques Rousseau, n'*O contrato social*, defendeu a ideia da soberania popular como condição de legitimidade para o exercício do poder político. A separação dos poderes foi uma das ideias defendidas por outro filósofo, Montesquieu, em sua obra *O espírito das leis*, na qual ele ensina que o poder político não deve ser exercido solitariamente, sob pena de tornar-se absoluto. O estabelecimento dos três poderes (Legislativo, Executivo e Judiciário) cria a possibilidade de compor um sistema de freios e contrapesos (*checks-and-balances*) entre cada um deles.

No Reino Unido, as ideias de democracia política, elaboradas por John Locke, foram exploradas também no campo da economia, por David Ricardo, Stuart Mill e uma série de pensadores que vieram a ser os precursores da economia política, lançando as bases do ideário liberal – liberalismo político e econômico. O liberalismo inglês, adaptado aos Estados Unidos, onde tomou rumo próprio, encarnou nessa nação um verdadeiro paradigma do regime democrático ocidental. Os Estados Unidos, principalmente no período posterior à Segunda Guerra Mundial, assumiram a condição de advogados da democracia universal. Porém, tal condição sempre sofreu oscilações de grau, pois, se os governos democratas sempre demonstraram mais interesse pela expansão dos valores democráticos, os governos republicanos sempre trataram de combater o autoritarismo alheio quando algum interesse direto dos Estados Unidos estivesse em jogo.

A bem da verdade, a retórica a favor da democracia hemisférica ou mundial poucas vezes esteve amparada em atos concretos da política exterior norte-americana, pois, como potência hegemônica atuando sob o paradigma realista, os Estados Unidos separavam muito bem a política interna (que deveria pautar-se pelas regras democráticas) da política externa (que deveria pautar-se pelo uso da dissuasão e da força). Exemplos podem ser encontrados aos montes. Em muitos casos, as diversas invasões unilaterais realizadas pelos Estados Unidos, sem respaldo do Conselho de Segurança da ONU, incluindo a do Panamá, na América Central (1989) e a do Iraque (2003), foram justificadas para defender a democracia...

Finda a Guerra Fria e destronadas as ditaduras comunistas, viveu-se um período das relações internacionais em que a democracia política deu seus gritos de vitória: eleições! eleições! Ora, ora, se não é uma palavra quase mágica, é uma chave para abrir a "caixa da democracia"! Sim, porque o direito de eleger periodicamente representantes para as atividades de governo, mediante sufrágio universal e voto direto, num ambiente pluripartidário, é uma das características marcantes dos regimes democráticos. Nos regimes autoritários os cidadãos não podem eleger livremente seus representantes. Mas a verdadeira democracia implica também o controle posterior sobre os governantes eleitos e a máquina do Estado, mediante instrumentos de controle popular direto, como o plebiscito e o referendo, e indiretos como o *impeachment* e a ouvidoria do povo (*ombudsman*), concebidos para impedir os desmandos e arbitrariedades dos agentes políticos e administrativos, além dos instrumentos de controle judicial.

As vantagens do sistema democrático para o bem-estar do povo são notórias no Ocidente. Porém, muitos ditadores instituíram regimes "democráticos" baseados em estados de direito que na prática excluem a participação legítima do povo. Esse artifício foi e ainda é utilizado por vários governos totalitários, a ponto de diferenciarem-se as democracias "formais" das "substanciais".

A partir desses dados, não é difícil perceber que o tema da democracia é importante para as relações internacionais, embora ele esteja vinculado à história da civilização ocidental e por isso mesmo não seja reconhecido por diversos países africanos, árabes e asiáticos. Com efeito, internacionalistas muçulmanos e orientais defendem a legitimidade de regimes que, embora não se encaixando nos moldes da democracia ocidental, são considerados por eles com o mesmo valor de representação dentro daquelas culturas. Realmente, a palavra democracia não está escrita em nenhuma parte da Carta da ONU.

Na América Latina, o tema vem ganhando importância crescente. Durante toda a década de 1970 e parte da década de 1980, a maioria dos países da região esteve dominada por ditaduras militares. Apoiados e reconhecidos pelos Estados Unidos, como parte do jogo da Guerra Fria, esses regimes foram cedendo às pressões populares e a processos de transição para a democracia. Entretanto, o fantasma do autoritarismo sempre volta a rondar a região: seja quando o presidente do Peru, Alberto Fujimori, deu um golpe de Estado e passou a governar com poderes totalitários, processo que ficou conhecido como "fujimorização", em 1992; seja pela ascensão de novos regimes políticos a partir do final dos anos 1990 que se movem na linha tênue entre o autoritarismo populista com respaldo da democracia direta (referendos, plebiscitos) e a democracia liberal representativa.

A Organização dos Estados Americanos (OEA), uma organização intergovernamental de cooperação, criada em 1948, com sede em Washington, que reúne os países do continente americano, tem tido um papel importante na defesa da democracia no cenário hemisférico. A carta da OEA prevê que um dos objetivos da organização é a defesa da democracia. Para efetivar esse preceito, uma de suas práticas é prestar assistência técnica e enviar observadores para acompanhar os processos eleitorais nos países-membros. Em 11 de setembro de 2001 (mesma data dos ataques terroristas nos Estados Unidos), os chanceleres das Américas aprovaram em Lima, Peru, a Carta Democrática Americana, documento que se tornou a referência política e jurídica para a defesa e promoção da democracia nas Américas.

No âmbito europeu, desde a época da reconstrução do pós-guerra, o tema da democracia pesou na hora de determinar quem receberia os recursos do Plano Marshall. Posteriormente, os formuladores da União Europeia tomaram emprestada da ciência econômica uma expressão para definir, diplomaticamente, a falta de democracia política: *déficit democrático*. Países como Espanha, Grécia e Portugal, por exemplo, só puderam ingressar na União Europeia depois de "cobrir seu déficit". A União Europeia revela-se um dos paradigmas importantes para a defesa e difusão dos valores democráticos.

Em termos mundiais, a democracia como valor a ser promovido não foi reconhecida na Carta da ONU, tal como foram, por exemplo, os direitos humanos. A diferença entre assuntos internos e internacionais, uma das características do paradigma realista, sempre dominou as relações internacionais no tocante à forma de governo dos Estados. Por outro lado, a derrocada dos regimes comunistas e a abertura dos países do Leste europeu e da ex-URSS trouxeram uma nova dimensão para o tema da democracia política no mundo. Décadas de opressão à liberdade política nos países comunistas foram finalmente descortinadas. Os povos e as nações daquelas partes do mundo demonstram querer, sofregamente, instituir e praticar as regras do jogo democrático ocidental. Além de querer mastigar livremente seus McDonald's, é claro.

Mesmo com grandes resistências de países árabes, asiáticos e islâmicos, a democracia entrou na agenda oficial da ONU. A Cúpula Mundial de 2005 (que celebrou 60 anos da ONU) aprovou em seu documento final, nos itens 135 a 137, que a democracia é um valor universal. No mesmo documento está dito que não existe um modelo único de democracia, frase que, para muitos, propicia o relativismo cultural nesse tema. (Ver tópico Religião e cultura: Ocidente *versus* Oriente?, na p. 112.) Foi aprovado também um Fundo da Democracia, gerido pela organização, com doações de países, de organizações internacionais e de atores não governamentais.

Passada a euforia do fim dos regimes comunistas na Europa Central e do Leste, e da transição feita por Boris Yeltsin na Rússia, surgiu, em alguns casos, certa nostalgia do comunismo em vários países. Partidos comunistas voltaram a tomar o poder pela via eleitoral. Na Rússia, o governo de Vladimir Putin governa com linha dura e deu sinais claros de que a democracia não é prioridade. Na África, o fim do regime do *apartheid* na África do Sul foi selado com a eleição de Nelson Mandela, cuja presidência (1994-1999) é reconhecida como uma das principais obras democráticas do século.

É interessante recordar que os câmbios profundos operados com o fim da Guerra Fria sugestionaram Francis Fukuyama, ex-funcionário do Departamento de Estado norte-americano, a escrever um artigo que se tornou polêmico, publicado na revista *The National Interest*, em 1990, denominado *O fim da história?* (*The end of history?*). Nele, Fukuyama afirma que, no campo das ideologias, o mundo teria alcançado um ponto em que não há mais para onde avançar, pois o liberalismo representaria o fim último da civilização mundial. Esse artigo gerou muita controvérsia quanto ao fim ou seguimento da história e das ideologias. É óbvio que a história segue, cheia de surpresas e de novos cenários. Mas, pensando bem, o Ocidente ainda não concebeu melhor regime político que o democrático, e este parece firmar mais e mais sua vocação universalista.

Direitos humanos

No Ocidente, o tema dos *direitos humanos* (DH) remete a uma velha e sempre atual querela entre filósofos do direito. Há tempos, os *jusnaturalistas* defendem a existência de direitos inerentes à condição humana (direitos naturais), como o direito à vida, à liberdade, à igualdade etc., os quais poderiam ser invocados e defendidos a qualquer tempo. Já os *positivistas* defendem que somente quando transformados em normas positivas (expressas na Constituição, nas leis etc.) é que os direitos poderiam ser válidos e eficazes. Nas relações internacionais, os jusnaturalistas são os que detêm a bandeira dos DH como valores universais. Mas de onde provêm os direitos tidos, hoje em dia, como *humanos*?

Pode-se afirmar que o cristianismo e a Igreja Católica em particular contribuíram para a expansão dos DH como valores universais, com base em sua natureza divina. Por isso, o direito natural teve sua origem no direito canônico (o direito da Igreja Católica) e só posteriormente tornou-se laico (desligado da religião). Esse papel da Igreja, como defensora dos direitos humanos, existe até hoje, e as posições e diretrizes do Vaticano sobre os DH são emitidas regularmente em documentos conhecidos como encíclicas. Na América Latina, cuja população é predominantemente católica, a influência da Igreja Católica é particularmente muito forte.

Com a laicização do direito no Ocidente, os países começaram a preocupar-se em sistematizar os DH. No âmbito internacional, o principal impulso deu-se após o término da Segunda Guerra, porque o genocídio dos campos de concentração nazistas chocou a opinião pública internacional, favorecendo iniciativas regionais e mundiais de proteção aos DH.

No continente americano, é de se citar a Declaração Americana dos Direitos e Deveres do Homem, de 1948, e a Convenção Americana sobre Direitos Humanos conhecida como Pacto de San José da Costa Rica, de 1969. Esses dois instrumentos constituem a base jurídica mediante a qual a OEA, por meio de sua Comissão Interamericana de Direitos Humanos (CIDH), com sede em Washington, a Corte Interamericana de Direitos Humanos (Corte IDH) e o Instituto Interamericano de Direitos Humanos (IIDH), ambos com sede em San Jose, Costa Rica, vêm enfrentando os problemas de DH no hemisfério.

No âmbito europeu, é de se mencionar o Convênio Europeu dos Direitos Humanos e das Liberdades Fundamentais, de 1950. A partir desse instrumento, o desenvolvimento da proteção dos DH foi realizado pelo Tribunal de Justiça da UE, com sede em Estrasburgo, França, pois, desde 1969, ao proferir decisão sobre o caso *Stauder* (o autor da ação, beneficiário de uma pensão de guerra, considerou uma afronta à sua dignidade e ao princípio da igualdade o fato de ter de identificar-se para poder obter desconto na compra de um produto); esse tribunal passou a considerar o respeito aos DH como parte integrante dos princípios gerais do ordenamento comunitário.

De vocação universal, os mais importantes instrumentos jurídicos de proteção aos DH são: a Declaração Universal dos Direitos Humanos, de 1948; o Pacto Internacional de Direitos Civis e Políticos e seu Protocolo Facultativo; o Pacto Internacional de Direitos Econômicos, Sociais e Culturais e seu Protocolo Facultativo, todos de 1966, negociados e concluídos no âmbito da ONU.

De todas as discussões internacionais sobre DH, o *apartheid* (sistema de discriminação e segregação racial), na África do Sul, foi o que mais movimentou as instâncias deliberativas da ONU. Desde 1948, o governo branco passou a adotar severas restrições aos direitos e garantias fundamentais da população negra na África do Sul. Diante do problema, a comunidade internacional começou a condenar sistematicamente o regime de *apartheid*. A Assembleia Geral da ONU qualificou-o de crime de lesa-humanidade; o Conselho de Segurança declarou-o crime contra a consciência e a dignidade da humanidade.

A luta contra o *apartheid* ensejou uma decisão inédita na história das relações internacionais: em novembro de 1977, o Conselho de Segurança tornou obrigatório, nos termos do Capítulo VII da Carta da ONU (Ameaças à Paz e à Segurança Internacionais), o embargo de armas (suspensão de venda e do envio de qualquer tipo de arma ou munição) à África do Sul. No campo do direito internacional isso significou que, pela primeira vez na história, a ONU ditava uma norma de caráter obrigatório aos Estados-membros.

Outros problemas ligados aos DH também vêm ganhando merecido espaço no cenário internacional. O papel da Comissão de Direitos Humanos da ONU (transformada em Conselho de Direitos Humanos, desde 2006), com sede em Genebra, e das agências especializadas e dos programas da ONU, tem sido fundamental na iniciativa, planejamento e execução de políticas para garantir os DH nos campos da alimentação (FAO), da educação (Unesco), da infância (Unicef) da saúde (OMS), do trabalho (OIT) etc.

Sob a inspiração dos trabalhos do economista indiano Amartya Sen (Prêmio Nobel de Economia, 1998), que vincula o desenvolvimento à cidadania, o economista paquistanês Mahbub ul Haq criou um novo índice para medir o desenvolvimento humano para o Programa das Nações Unidas para o Desenvolvimento (Pnud). Publicado pela primeira vez em 1990, junto com o Relatório sobre Desenvolvimento Humano, o índice de desenvolvimento humano (IDH) tem sua metodologia baseada num tripé: riqueza, educação e expectativa média de vida. Dividido em três faixas (alta, média e baixa), o IDH tornou-se a principal medida de desenvolvimento na maioria dos países. (ver tópico Meio ambiente e desenvolvimento, na p. 98.)

Duas grandes conferências mundiais sobre direitos humanos ocorreram no âmbito da ONU: a primeira em Teerã, em 1968, e a segunda em Viena, em 1993.

Viena/93 foi um dos eventos mais abrangentes sobre os DH. Um dos pontos altos do encontro foi a participação de cerca de 1.200 ONGs de defesa dos DH, confirmando o incremento, no fim do século passado, da participação dos atores não governamentais nos assuntos internacionais. Algumas delas, como a Anistia Internacional, a Organização Mundial Contra a Tortura, a Oxfam e o Human Rights Watch (antiga American Watch), que produzem relatórios periódicos sobre a situação dos DH no mundo e nas Américas, têm "poder de fogo" capaz de influenciar decisões de governos e a opinião pública internacional.

O Comitê de Redação da Conferência de Viena/93, presidido pelo embaixador brasileiro Gilberto Saboya, chegou a um documento final com os seguintes pontos: a) reafirmação da universalidade dos DH; b) reconhecimento dos DH como objeto legítimo das atenções mundiais; c) acolhida do direito ao desenvolvimento como parte integrante dos DH fundamentais; d) afirmação da interdependência entre democracia, desenvolvimento e DH; e) reconhecimento do papel das ONGs na defesa dos DH.

Em dezembro de 1993, durante a 48ª Assembleia Geral da ONU, foi criado o Alto Comissariado para os Direitos Humanos. Esse órgão se tornou um aliado importante da causa dos DH. Sergio Vieira de Mello foi nomeado, em 2003, Alto Comissário dos Direitos Humanos, cargo mais alto exercido por um brasileiro na

ONU até então. Mas ele faleceu no atentado terrorista em Bagdá, em agosto do mesmo ano.

O eixo do conflito sobre os DH pode ser assim resumido: a aceitação e observância dos DH como valores universais esbarra em questões complexas, de natureza cultural e religiosa, pois muitos países de tradição islâmica e oriental permitem ou incentivam práticas que, à luz da cultura ocidental, são consideradas violações brutais aos DH; por outro lado, o Ocidente é acusado de supervalorizar os direitos individuais em detrimento dos sociais e econômicos. (Ver tópico Religião e cultura: Ocidente *versus* Oriente?, na p. 112.)

Como afirma o jurista brasileiro Cançado Trindade, a proteção internacional dos DH se desenvolve em permanente movimento de avanços e retrocessos. Dentre os avanços a destacar nas últimas décadas, a criação do Tribunal Penal Internacional (TPI), pelo Estatuto de Roma, de 1998 (em vigor desde 2002), com sede em Haia, Países Baixos, para investigar e julgar crimes de guerra, de genocídio, contra a humanidade e de agressão, é um marco fundamental na defesa e promoção dos DH no mundo.

Outros avanços importantes podem ser citados: a aprovação da Declaração sobre os Objetivos de Desenvolvimento do Milênio, na Cúpula do Milênio da ONU, em 2000, com oito metas a serem alcançadas pela comunidade internacional até 2015: 1) erradicar a pobreza extrema e a fome; 2) atingir o ensino básico universal; 3) promover a igualdade entre os sexos e a autonomia das mulheres; 4) reduzir a mortalidade infantil; 5) melhorar a saúde materna; 6) combater o HIV/AIDS e outras doenças; 7) garantir a sustentabilidade ambiental; 8) estabelecer uma parceria mundial para o desenvolvimento. Vale citar, também, a aprovação do princípio da responsabilidade de proteger (*responsability to protect – RtoP*) no documento final da Cúpula de 2005 da ONU, que reforça a responsabilidade de cada país com a proteção de sua população e amplia as obrigações da comunidade internacional em caso de o Estado-nação falhar em proteger seu povo contra crimes de guerra, genocídio, crimes contra a humanidade e limpeza étnica. (Ver tópico Nacionalismos e conflitos étnicos, na p. 107.)

Por fim, não é casualidade o fato de o respeito aos DH estar intimamente vinculado com a democracia; e há inumeráveis obras artísticas que retratam, ao longo do tempo, esse vínculo. É só lembrarmos das músicas de Chico Buarque, da argentina Mercedes Sosa, do panamenho Ruben Blades e do francês Manu Chao, por exemplo. Ao "imitar" a vida, a arte denuncia, direta ou metaforicamente, os regimes autoritários e seu desprezo pela promoção e proteção dos direitos fundamentais da pessoa humana. (Ver tópico Democracia, na p. 78.)

Economia internacional em crise

A crise econômica que abateu os Estados Unidos, no final de 2008, contaminou todo o planeta e abalou a economia internacional. Comparada em magnitude à quebra da Bolsa de Nova York, de 1929, a crise coincidiu com o fim da presidência de George W. Bush e a vitória de Barack Obama, primeiro presidente negro da história americana.

As expectativas de crescimento econômico, mesmo em mercados emergentes como a China, ruíram; por consequência, o preço do petróleo que estava nas nuvens durante vários anos caiu vertiginosamente. Muitos afirmam que se trata de uma tragédia anunciada: excesso de liberdade com escassez de controles financeiros gerou papéis podres negociados nas Bolsas e operações irresponsáveis de agentes privados com anuência dos governos...

A resposta à crise reconfigurou o mapa do poder econômico nas relações internacionais. O antigo G-7 + a Rússia (Alemanha, Canadá, Estados Unidos, França, Itália, Japão, Reino Unido), formado pelos países ricos, ampliou-se para G-20, que passa a ser integrado por países emergentes (Argentina, Brasil, México, Índia etc.) e se tornou um diretório de potências econômicas. A decisão de mudar a estrutura do Sistema de Bretton Woods (FMI e Banco Mundial) foi a primeira desse grupo para enfrentar a crise.

Por outro lado, a crise coloca o desafio global de conferir ao Estado-nação e aos organismos internacionais novos papéis regulatórios, os quais, para muitos, significam uma nova fase de intervenção estatal na economia (antineoliberal). Ao mesmo tempo, aumenta a ameaça de uma nova onda protecionista. (Ver tópico Comércio internacional, na p. 66.)

Megablocos econômicos – integração regional

O tema da integração regional é bastante recente nas relações internacionais. Ele surge logo após o fim da Segunda Guerra Mundial, momento em que os países europeus, chocados com o genocídio causado pelo nazismo e a destruição que varreu a Europa, buscavam medidas para evitar novos conflitos dessa magnitude.

O termo "integração" é muitas vezes utilizado de forma genérica para designar fases distintas ou processos de vinculação entre economias de diferentes Estados. Conceitualmente, a integração pode ser: zona de preferências tarifárias; zona de livre comércio (de bens); união aduaneira; mercado comum; união econômica.

Vejamos o caso da União Europeia. Em maio de 1950, o Ministro das Relações da França, Robert Schuman, apresentou à opinião pública internacional o plano elaborado por ele e por Jean Monnet que objetivava a união da indústria europeia do carvão e do aço. Esse plano converteu-se no Tratado de Paris, de abril de 1951, que constituiu a Comunidade Econômica do Carvão e do Aço (Ceca). A partir desse ponto, foi desencadeado o processo de integração econômica europeia.

Em 1957 foram assinados os Tratados de Roma, que criaram a Comunidade Econômica Europeia

(CEE) e a Comunidade Europeia da Energia Atômica (Euratom). Depois de haver enfrentado um período de estagnação, a Comunidade Europeia ganhou novo fôlego durante os anos 1980, com o ingresso da Grécia, da Espanha e de Portugal. A culminação desse processo deu-se em fevereiro de 1992, quando foi assinado, na cidade holandesa de Maastricht, o tratado da União Europeia, que reuniu num só instrumento (o Ato Único Europeu) as regras de integração europeia e seus novos rumos. A partir dali, a Comunidade Europeia (CE) transformou-se em União Europeia (UE).

Desde 2008, ao aceitar o ingresso da Romênia e da Bulgária, a União Europeia está formada por 27 países. É uma amplíssima área em que outros países se candidatam a ingressar. Com todo o apelo de sua estrutura e vantagens, alguns países optaram deliberadamente em não fazer parte do espaço comunitário europeu: a Islândia e a Noruega (devido à sua atividade pesqueira); e a Suíça (os suíços são peculiares em quase tudo). Porém, em que pesem os seus avanços e o otimismo gerado nos últimos anos, a UE convive com sérias dificuldades para aprofundar a integração, principalmente depois da rejeição do Tratado de Lisboa pelo referendo da Irlanda, em 2008.

A polêmica sobre o possível ingresso da Turquia na União Europeia (a Alemanha é contra) revela a questão das pressões migratórias provenientes principalmente dos países do Magrebe (norte da África:

Marrocos, Argélia e Tunísia) e a dificuldade de os europeus lidarem com os estrangeiros residentes em seu território, sobretudo islâmicos. (Ver tópico Religião e cultura: Ocidente *versus* Oriente?, na p. 112.)

Na América Latina, já vimos que a ideia de instituir processos de integração regional esteve inicialmente ligada ao paradigma dependentista. A Alalc, primeiro, e, desde 1980, sua sucessora, a Associação Latino-Americana de Integração (Aladi), constituem iniciativas de integração econômica. O Tratado de Montevidéu (1980) determina que o objetivo da Aladi é estabelecer um mercado comum. Dentro de tal processo, a novidade tem ficado por conta do aumento progressivo dos acordos sub-regionais. Vistos como mais realistas, o Pacto Andino (acordo entre Bolívia, Colômbia, Equador, Peru e Venezuela) e o Mercosul (Mercado Comum do Sul, entre Argentina, Brasil, Paraguai e Uruguai) são seus principais exemplos. Na América Central, o Mercado Comum Centro-Americano (MCCA); no Caribe, a Comunidade do Caribe (Caricom).

O Acordo de Livre Comércio da América do Norte (North American Free Trade Agreement – Nafta), a princípio negociado entre os Estados Unidos e o Canadá, teve seu âmbito negocial estendido ao México. Assinado em 1992, o Nafta enfrentou uma difícil batalha no Congresso norte-americano para ser ratificado, o que pôs em evidência as dificuldades de harmonização entre a política interna e a externa, num tema de interdependência complexa como é o da integração. O Nafta serviu de inspiração para os Estados Unidos avançarem a integração no âmbito das Américas. Durante o governo Bill Clinton (1993-2001), as Cúpulas de Miami (1994) e de Santiago (1998) estabeleceram um cronograma de negociações para a criação de uma Área de Livre Comércio das Américas (Alca) que não vingou, sobretudo pelo próprio protecionismo renhido dos Estados Unidos.

Em outros continentes também se observa o incremento de iniciativas de integração econômica. Na África, a União Africana (UA), criada em 2002, substituiu a Organização da Unidade Africana (OUA), de 1963, com sede em Adis Abeba, Etiópia, e congrega 52 países-membros. Na região da Ásia-Pacífico, a Associação das Nações do Sudeste Asiático (Asean) inclui Filipinas, Indonésia, Malásia, Cingapura, Tailândia, Brunei, Vietnã, Laos e Myanmar/Birmânia.

Ressalte-se que a integração é um tema que anima e ao mesmo tempo preocupa internacionalistas. É animador observar que os processos de integração, principalmente o da UE, conduzem à formação de importantes vínculos de confiança e de cooperação, afastando ou minimizando antigas rivalidades históricas, aumentando o fluxo de comércio e de comunicação entre os Estados envolvidos no processo. Por outro lado, os processos de integração também podem conduzir ao desvio de comércio ou sua supressão (o comércio que era feito com os países não pertencentes ao bloco é substituído pelos que integram o mesmo bloco, a um custo maior) e a políticas protecionistas de produtos e discriminatórias de pessoas, que comprometem a abertura e a estabilidade das relações internacionais.

Serão os blocos econômicos incompatíveis com o comércio global? A resposta é: em termos. Porque, ao mesmo tempo que o artigo 24 do Gatt, incorporado à OMC, autoriza a formação de blocos econômicos e facilita a formação de iniciativas de integração entre países em desenvolvimento, o aumento do protecionismo gerado por tais blocos pode comprometer a abertura do comércio multilateral. Aliás, multilateralismo *versus* regionalismo é um dos principais conflitos das relações internacionais contemporâneas.

Meio ambiente e desenvolvimento

Em artigo intitulado "Origens do ambientalismo ocidental" (Origins of western environmentalism), publicado na revista *Scientific American* (1992), Richard H. Grove, pesquisador inglês, considera que as primeiras manifestações do ambientalismo surgiram no contexto de exploração das recém-descobertas terras tropicais, em vários pontos do globo, a partir do século XVII. Segundo ele, cientistas como Philibert Commerson, Alexander von Humboldt, Charles Darwin, conhecidos *naturalistas*, engajados de alguma forma nos empreendimentos coloniais franceses, ingleses ou holandeses, teriam lançado as bases para o ambientalismo, o qual vem crescendo vertiginosamente no Ocidente desde o fim do século XX.

Tal como já vimos, o meio ambiente é um dos temas que melhor exemplificam o fenômeno da interdependência mundial. Por quê? Porque a degradação ambiental, produzida por países desenvolvidos e em desenvolvimento, gera consequências globais e somente pode ser combatida com resultados favoráveis mediante decisões multilaterais, envolvendo a maioria da comunidade internacional.

Porém, esforços concretos no âmbito multilateral só recentemente vieram a esboçar-se. Em 1968, um estudo intitulado *Os limites do crescimento*, elaborado pelo Clube de Roma, uma organização de países desenvolvidos, alertou o mundo sobre os perigos do desenvolvimento sem regras, sem freios. Em 1972 foi realizada em Estocolmo a Conferência das Nações Unidas sobre Meio Ambiente, que se tornou um marco histórico, na medida em que pela primeira vez os governos se reuniram para discutir as ameaças à segurança do planeta, devido a problemas ambientais globais.

Dez anos depois, em 1982, foi formada uma Comissão Mundial Sobre Meio Ambiente e Desenvolvimento, conhecida pelo nome de Comissão Brundtland, por ser presidida pela primeira-ministra da Noruega, Gro Harlem Brundtland. Essa comissão realizou um trabalho extraordinário, tendo percorrido o mundo inteiro em busca de informações e de análises, as quais resultaram no relatório *Nosso Futuro Comum*, publicado em 1987. O relatório da Comissão Brundtland tratou de vincular o tema do meio ambiente ao tema do desenvolvimento e inaugurou o conceito de desenvolvimento sustentável. Estavam lançadas as bases para que, em 1992 (vinte anos depois de Estocolmo), fosse a vez de a cidade do Rio de Janeiro sediar a Conferência das Nações Unidas sobre Meio Ambiente e Desenvolvimento (Cnumad).

Essa conferência, também conhecida por Rio/92 ou ECO/92, foi palco do maior encontro de governantes da história, tendo contado com a presença de mais de cem chefes de Estado e de governo, que se reuniram para negociar e deliberar sobre importantes questões a respeito do meio ambiente e do desenvolvimento sustentável.

As diferenças de enfoque no tratamento da questão ambiental são nítidas: de um lado, os países desenvolvidos querendo a preservação das regiões ainda não degradadas (localizadas em sua maioria no Terceiro Mundo) e, de outro, os países em desenvolvimento não querendo ser transformados em meros santuários ecológicos e exigindo a transferência de recursos financeiros e tecnológicos para possibilitar seu desenvolvimento sustentável. Esse é o perfil do chamado conflito Norte-Sul.

A Rio/92 foi palco da maior reunião internacional de ONGs ambientalistas, o Fórum Global, em que também participaram parlamentares de diversos países. Centenas de ONGs, como o Greenpeace, por exemplo, tiveram atuação destacada, apresentando estudos, contestando e influenciando posições de governos e, mediante arrojadas táticas de propaganda, assegurando muito espaço na mídia internacional. As ONGs, sem dúvida, converteram-se em atores fundamentais nas questões ambientais.

Na conferência do Rio, vários temas foram objeto de complexas negociações. No final, dois deles foram convertidos em textos de convenções: sobre a *diversidade biológica* e sobre a *mudança climática* (visando impedir o aquecimento global/efeito estufa). Essas convenções são instrumentos internacionais obrigatórios para os Estados que as assinaram e, posteriormente, as ratificaram. Também foram aprovadas as Declarações do Rio e dos Princípios Florestais.

Além deles, outro importante documento foi alvo de uma complexa negociação, e seu texto final, sem ser juridicamente vinculante como são as convenções, representa um sério compromisso entre todos os seus signatários. Esse documento levou o nome de Agenda 21 e estabeleceu diretrizes que deverão ser cumpridas a fim de que sejam adotados novos padrões de produção e de convivência compatíveis com o desenvolvimento sustentável, visando ao século XXI.

Antes da Rio/92 e dentro do sistema da ONU, dois organismos já se dedicavam especificamente aos temas do meio ambiente e do desenvolvimento: o Programa das Nações Unidas Para o Desenvolvimento (Pnud) e o Programa das Nações Unidas para o Meio Ambiente (Pnuma), este com sede em Nairobi (Quênia). Ambos compartilham atribuições de coordenar as estratégias visando ao desenvolvimento sustentável. A eles vieram somar-se a Comissão de Desenvolvimento Sustentável, com aprovação pela Assembleia Geral da ONU; e o Conselho da Terra, com sede na Costa Rica, uma fundação independente que tem o objetivo de acompanhar a execução da Agenda 21.

O Worldwatch Institute, importante ONG ambiental internacional, elegeu os oito países que mais influenciam o meio ambiente planetário (Environmetal-8 ou E-8) e por isso devem merecer atenção especial: Alemanha, Brasil, China, Estados Unidos, Índia, Indonésia, Japão e Rússia.

Em 1997, foi assinado o Protocolo de Kyoto à Convenção sobre Mudança Climática, que estipula um cronograma de redução de emissões de CO_2 na atmosfera, até 2012, levando em conta os diferentes graus de desenvolvimento dos países. Kyoto criou o mecanismo de desenvolvimento limpo (MDL): mediante a emissão de bônus de carbono, papéis negociados em bolsa de valores permitem aos países desenvolvidos (suas empresas) comprarem créditos de emissão de CO_2 dos países menos poluentes.

A propósito, o aquecimento global se tornou a maior preocupação da comunidade internacional em relação ao meio ambiente, uma vez que a temperatura da Terra vem aumentando, a olhos vistos, com o impressionante incremento de desastres naturais, perda de ecossistemas e elevação do nível das marés. Em 2007, o Relatório do Painel Intergovernamental sobre Mudanças Climáticas (IPCC) foi cabal em afirmar que uma mudança do clima da Terra está em curso e que algo deve ser feito já para impedir uma catástrofe. No mesmo ano, o filme *Uma verdade inconveniente*, do ex-vice-presidente dos Estados Unidos, Al Gore, militante ambientalista, sensibilizou a comunidade internacional para a urgência de alterar os padrões de consumo e de exploração da Terra. IPCC e Gore ganharam juntos o Prêmio Nobel da Paz de 2007 por sua contribuição a esse debate.

A problemática do aquecimento da Terra vincula o tema ambiental ao da energia. Buscam-se novas formas de energia alternativa, de energia limpa. Aí entra toda a discussão sobre os biocombustíveis (da cana-de-açúcar, por exemplo, em que o Brasil tem papel essencial), a energia solar, a eólica (ventos) e a hidrelétrica (dos rios) como substitutas da matriz do petróleo e gás.

Paralelamente à agenda do combate ao aquecimento global, há um conjunto de temas urgentes vinculados ao meio ambiente e desenvolvimento: gestão dos recursos naturais não renováveis, como a água potável; enfrentamento da desertificação; proteção das florestas, da biodiversidade e das espécies em extinção; produtos transgênicos *versus* produtos orgânicos; gestão e destinação de resíduos (lixo) e reciclagem de materiais. A maioria desses temas se relaciona aos direitos humanos fundamentais (ver tópico Direitos humanos, na p. 85). A lista é extensa e faz do meio ambiente e desenvolvimento um tema crucial das relações internacionais no século XXI.

Migrações internacionais

O aumento da interdependência econômica entre os atores internacionais, as oportunidades de trabalho que oferecem os países desenvolvidos num cenário de globalização da economia, os conflitos armados, de natureza interna e internacional, os desastres naturais e a dissolução progressiva do mundo comunista têm constituído, nas relações internacionais, as causas principais do deslocamento de populações.

A questão migratória entre México e Estados Unidos constitui um caso típico de estudo. A fronteira entre os dois países tem sido a porta de entrada de milhares de mexicanos que emigraram de seu país em direção ao "sonho americano". Grande parte desse fluxo migratório se dá de forma ilegal, ou seja, sem que as autoridades de ambos os países registrem a passagem das pessoas.

Não obstante a importância desse fluxo migratório, populações de outros países latino-americanos e caribenhos, com a mesma motivação de encontrar melhores condições de trabalho e de vida, têm-se deslocado em massa para a terra do Tio Sam. Provenientes do Brasil, de El Salvador, do Peru, da República Dominicana, do Haiti etc., os imigrantes latino-americanos vêm alterando o perfil sociocultural norte-americano, a ponto de já existirem cédulas eleitorais bilíngues (espanhol/inglês), sem contar o crescente espaço conquistado pela língua espanhola nos meios de comunicação em geral. Na verdade, os Estados Unidos são o país que mais recebe imigrantes de todas as partes do mundo. Da Ásia, por exemplo, vem aumentando o número de imigrantes, grande parte deles estabelecendo-se na Costa Oeste.

Ainda no campo econômico, outra região continental que recebe um alto fluxo de imigrantes é a UE. Até meados da década de 1980, a maior pressão migratória vinha da África, em especial do Magrebe. Mas, com a queda do Muro de Berlim, a unificação alemã e a decomposição do bloco comunista, um poderoso fluxo migratório, vindo da Europa Central e do Leste, tem aumentado vertiginosamente.

Outro fator que tem dinamizado muito as migrações para a Europa é a concessão de cidadania para filhos e netos de europeus. Países como Espanha, Itália e Portugal, cujas legislações de nacionalidade são baseadas no *jus sanguinis* (direito pelo sangue), vêm atraindo grandes massas de latino-americanos para o continente europeu, pessoas que usufruem de uma dupla cidadania (por exemplo, brasileira e italiana) e podem circular, residir e trabalhar livremente nos dois países em que sua nacionalidade é reconhecida. O outro lado da moeda é que o direito de cidadania é negado a estrangeiros em alguns países europeus, mesmo que tenham nascido e vivido toda a sua vida na Europa, a exemplo dos filhos de turcos residentes na Alemanha. (Ver tópicos Direitos humanos, p. 85; Religião e cultura: Ocidente *versus* Oriente?, p. 112.)

Além do aspecto econômico, as migrações internacionais são politicamente estratégicas. No caso México/Estados Unidos isso é evidente. No caso das populações do Leste Europeu em direção à Europa Ocidental, o medo justifica-se na insuficiência da estrutura estatal para assimilar em pouco tempo pessoas que também representam mão de obra qualificada a competir com os trabalhadores locais. E, do outro lado do planeta, Bangladesh, China e Índia são vistos como verdadeiras "bombas migratórias", por suas gigantescas massas populacionais.

No caso dos conflitos armados, os deslocamentos populacionais se dão de maneira forçada: são populações civis tentando escapar do risco de morrer, seja

pelas armas, seja pela própria inanição gerada pelo iso-
lamento de cidades que estão sob fogo cruzado, sem
alimentos, sem água, sem energia. Para cuidar desse
assunto, a ONU dispõe de uma agência especializada.
É o Alto Comissariado das Nações Unidas para os Refugiados (Acnur), com sede em Genebra e escritórios
espalhados em vários pontos do globo. O direito internacional também dispõe de um instrumento de proteção aos refugiados – a Convenção sobre o Estatuto dos
Refugiados, de 1951, e seu Protocolo de 1967. Fora do
sistema da ONU existe a Organização Internacional
das Migrações (OIM), com sede em Genebra.

É interessante notar que a demografia sempre foi
um fator dos mais considerados nas estratégias geopolíti-
cas dos Estados. Quanto maior o poder de deslocamento
das populações e o tamanho de seus exércitos, maior o
poder relativo do Estado. Com o advento da era nuclear
e a ameaça de destruição em massa, o fator populacional havia perdido sua importância no contexto da Guerra
Fria. Porém, em tempos de crescente interdependência,
demógrafos e geógrafos estão tirando a poeira de seus
paletós. O fator populacional voltou a ganhar relevância
no alvorecer de um novo cenário internacional.

Nacionalismos e conflitos étnicos

Lá na introdução, vimos que o termo "internacional" foi criado na época da consolidação dos Estados nacionais. Embora a fórmula Estado = nação fosse

verdadeira para muitos países, para outros era ou veio a ser enganosa.

Poderíamos dividir em duas vertentes principais as questões que envolvem nacionalismos e conflitos étnicos: os que têm uma relação direta com o processo de descolonização da África e da Ásia, depois da Segunda Guerra Mundial, e o das nacionalidades e grupos étnicos que compartilham, historicamente, um mesmo território estatal.

Comecemos pela descolonização. Logo após o fim da Segunda Guerra Mundial, os Estados que mantinham colônias na África, na Ásia e no Oriente Médio – especialmente a França, o Reino Unido e Portugal – ficaram muito debilitados para seguir mantendo o controle sobre suas colônias. Em alguns casos amargando derrotas em conflitos armados, em outros apoiando grupos locais que melhor correspondessem a seus interesses geopolíticos e econômicos, o fato é que os governos das antigas colônias cederam lugar a uma plêiade de novos Estados. Isso fez com que muitos grupos locais vencedores das guerras de independência subjugassem outros grupos étnicos ou nacionais, incluindo-os dentro de suas fronteiras, ou simplesmente mantendo o *status quo* das fronteiras coloniais, sem o menor respeito à sua autodeterminação. Muitos desses conflitos permanecem até hoje.

Já o fenômeno da eclosão dos conflitos étnicos e dos nacionalismos do pós-Guerra Fria deve ser lido à luz do histórico de imposição da Rússia sobre as demais unidades do antigo Estado soviético e deste sobre os países dentro da zona de influência do Kremlin. A independência da Estônia, da Lituânia, da Letônia, da Ucrânia e de outras antigas repúblicas da URSS pôs em colapso o antigo Estado soviético, e a URSS deixou de ser União, transformando-se na Confederação de Estados Independentes (CEI), formada pela maioria das ex-repúblicas. Da mesma forma, a divisão pacífica da Checoslováquia em República Checa e República Eslovaca; a separação da Macedônia da Albânia e a extinção conflituosa da antiga Iugoslávia. Todos esses conflitos refletem o relaxamento de fronteiras impostas por regimes artificiais.

Muito embora fosse um país não alinhado, fora das órbitas da ex-URSS e dos Estados Unidos, a Iugoslávia, tendo vivido um longo regime ditatorial sob o comando do general Tito, tornou-se o cenário do mais cruel e abominável conflito do pós-Guerra Fria. As atrocidades cometidas principalmente por sérvios contra croatas e muçulmanos, mas também por croatas e muçulmanos entre si, desbordaram em práticas etnocidas e genocidas, cuja magnitude se aproxima do extermínio dos judeus na Alemanha nazista. O conflito cunhou uma nova expressão, terrível: "limpeza étnica". Historiadores atribuem a sangria iugoslava a antigas rivalidades entre aquelas nacionalidades, que, livres do poder coercitivo de outrora, soltaram as rédeas para uma espécie de "ajuste de contas".

Esse conflito teve várias consequências para a comunidade internacional. O Conselho de Segurança da ONU criou um Tribunal Penal para a ex-Iugoslávia, com sede em Haia, para julgar os criminosos de guerra de todas as partes no conflito. Novos países surgiram com o fim da Iugoslávia: Eslovênia, Croácia, Sérvia e Bósnia-Herzegovina. Kosovo declarou sua independência da Sérvia, em 2008, mas vários países não a reconhecem, dentre eles a Rússia, a China e a Espanha, o que impossibilita o seu ingresso na ONU.

Conflito étnico de semelhante magnitude ocorreu em Ruanda, na África Central. O genocídio praticado entre Hutus e Tutsis levou o Conselho de Segurança a aprovar um Tribunal Penal para Ruanda, com sede em Arusha, na Tanzânia.

Mas os nacionalismos e conflitos étnicos não são uma novidade do pós-Guerra Fria, tampouco são monopólios dos países menos desenvolvidos. Também os países desenvolvidos padecem com problemas desse quilate. O Reino Unido combateu durante décadas o Exército Revolucionário Irlandês (IRA), que defendia a independência da Irlanda do Norte, e conseguiu obter um acordo (1998) realizado entre o governo trabalhista de Tony Blair e católicos e protestantes, com os bons ofícios do governo Clinton, que se empenhou diretamente para obter a paz.

A França vê-se às voltas com o crescente xenofobismo contra os árabes, com o fortalecimento de líderes ultranacionalistas; a Alemanha enfrenta a mesma
situação com os turcos. Tais nacionalismos evidenciam
as dificuldades que o mundo atravessa, principalmente
o mundo desenvolvido, para lidar com o aumento da
interdependência no que se refere aos intercâmbios de
pessoas e culturas. "Nenhuma das sociedades de capitalismo de Estado aceita o princípio da livre movimenta-
ção da mão de obra, uma condição *sine qua non* da teoria
do mercado livre", afirma o professor Noam Chomsky.
Além do medo da perda de mercados e da competição
externa e consequente perda de poder econômico, que
Chomsky e outros autores esclarecidos apontam como
causa do xenofobismo, é interessante notar que esse
turbilhão nacionalista e étnico tem conferido ao estudo
da antropologia e da psicologia social uma importância
crescente na busca de outras possíveis razões de ocor-
rência de tais fenômenos internacionais.

No âmbito global, a Conferência Mundial contra
o Racismo, a Discriminação, a Xenofobia e a Intolerân-
cia Correlata, realizada em Durban, África do Sul, em
2001, produziu a Declaração e Plano de Ação de Durban, que têm por escopo enfrentar essa problemática
crescente. Outra via para prevenir e acomodar conflitos étnicos e de minorias é a concessão de graus de
autonomia dentro de uma moldura de Estado federal.
Há muitos países federais que obtiveram sucesso em

manter, sob o mesmo guarda-chuva nacional, diferentes nações, com línguas, religiões e culturas diferentes, mantendo-se e promovendo-se o respeito a essas diferenças. Esse é o desafio da diversidade na unidade. (Ver tópico Direitos Humanos, na p. 85).

Religião e cultura: Ocidente *versus* Oriente?

O internacionalista Samuel Huntington, em artigo intitulado "O choque de civilizações?" (The Clash of Civilizations?), publicado originalmente na revista *Foreign Affairs*, fez a seguinte afirmação: "A fonte fundamental de conflito nesse novo mundo não será essencialmente ideológica nem econômica. As grandes divisões na Humanidade e a fonte predominante de conflito serão de ordem cultural (...) O choque de civilizações dominará a política global".

Vejamos um exemplo que pode ilustrar a afirmação de Huntington. No dia 14 de fevereiro de 1989, a Rádio de Teerã (Irã) transmitiu a seguinte mensagem: "Informo ao nobre povo muçulmano do mundo que o autor do livro *Os versos satânicos* (*The Satanic Verses*), o qual é contra o Islã, o Profeta e o Corão, e todos os implicados em sua publicação que estavam conscientes de seu conteúdo, são sentenciados à morte (...). Peço a todos os muçulmanos que os executem onde quer que os encontrem. Se alguém os conhece, mas é incapaz de matá-los, deverá entregá-los ao povo para seu castigo". Essa foi a *fatwá* (sentença) do aiatolá Khomeini, na época a mais alta autoridade do islamismo xiita, que assim estendeu sua jurisdição sobre toda a face da Terra!

Em março de 1989, Grã-Bretanha e Irã romperam relações diplomáticas, diante do caso d'*Os versos satânicos*. Um dos mais importantes princípios da civilização ocidental contemporânea – o da liberdade de expressão – havia sido violado. Cabra marcado de morte, Salman Rushdie, autor d'*Os versos...*, vive em lugar incerto e não sabido – a não ser pela Scotland Yard. Barbárie? Ameaça fundamentalista? Dois mundos, duas interpretações distintas da realidade. Para o Ocidente cristão e laico, a condenação imposta a Salman Rushdie (não apenas a ele, mas aos possíveis editores de seu livro) viola regras primárias do direito internacional e depõe contra o modelo muçulmano de sociedade e de governo. Para os líderes islâmicos fundamentalistas, as ideias e figuras literárias contidas no livro são blasfêmias contra as instituições islâmicas, e por isso seu autor deve receber punição justa, de acordo com os preceitos do islamismo. O Islã considera que a liberdade de expressão "ocidental" não pode macular a integridade das instituições islâmicas.

É claro que esse exemplo é apenas uma pequena amostra da complexa rede de conflitos religiosos e culturais entre o chamado Ocidente (cristão e laico) e os mundos árabe (islâmico) e oriental (budista, confucionista e hinduísta). Ele pode ajudar a sentir melhor esse tipo de conflito. Afinal, a ameaça que paira sobre

Rushdie atinge os editores e a nós, leitores ocidentais, pois ficamos privados de ler as blasfêmias do Salman!

Tais conflitos arrastam-se por milênios e, nas últimas décadas, foram minimizados ou subestimados pelo confronto ideológico da Guerra Fria. Agora voltam a ganhar a atenção da comunidade internacional. Se a primeira Guerra do Golfo Pérsico (1991) causou mal-estar entre os países árabes, em sua maioria seguidores de Alá, e os países ocidentais, principalmente os Estados Unidos, a segunda Guerra do Golfo (2003), com a invasão unilateral do Iraque pelos Estados Unidos, criou uma situação de enorme repúdio contra os norte-americanos em particular e o mundo ocidental em geral.

A questão central no tema do conflito cultural é a da expansão da cultura, aquilo que se conhece por imperialismo cultural. O choque intercultural dá-se na medida em que os padrões ocidentais, pela própria evolução tecnológica do Ocidente, impõem-se aos demais, numa tentativa permanente de universalização de valores. Já tivemos oportunidade de tocar nesse problema quando falamos dos direitos humanos. O Islã e as culturas orientais repudiam essa imposição de valores, porque também possuem seu modo de ver e de perceber o mundo; e têm sua contribuição a dar à convivência e ao conhecimento humano.

Uma das polêmicas que se têm verificado em torno do conflito intercultural reside no fato de que, ao mesmo tempo que muitos países islâmicos e orientais proíbem a divulgação dos valores ocidentais dentro de suas fronteiras, utilizam os espaços democráticos dos países ocidentais para promover suas religiões e suas culturas. Ou seja, proíbem e censuram os valores ocidentais dentro de suas fronteiras mas utilizam à larga os instrumentos democráticos para sua expansão no Ocidente. Não haverá algo de injusto nessa conduta? Superioridade ou debilidade estratégica dos sistemas democráticos ocidentais?

Nessa discussão é importante ressaltar que o chamado imperialismo cultural não se confunde com diplomacia cultural. Aquele tenta manipular e cercear a existência de outras culturas; esta é um legítimo instrumento da política externa de que dispõem os países para fazer-se conhecidos, compreendidos e até mesmo admirados pelos demais.

No debate acadêmico, o respeitado escritor palestino Edward Said publicou o livro *Orientalismo* (1978), que se tornou um clássico, ao explicar como o Ocidente percebe o Oriente de forma deturpada e preconceituosa. Ian Buruma e Avishai Margalit publicaram *Ocidentalismo* (2004), quase uma réplica ao livro de Said.

Apesar das profundas divergências que possam existir entre os povos e os conflitos que parecem insolúveis, a convivência intercultural deve ser um objetivo da comunidade internacional. A Unesco tem tido papel importantíssimo no resgate e na divulgação dos diferentes modos de pensar e de viver das culturas mundiais, valorizando a riqueza da multiplicidade cultural do mundo. Em 2005, a ONU lançou a Aliança de Civilizações, sob o impulso dos governos da Espanha (que havia sofrido um cruel atentado terrorista no metrô de Madri, em 2004) e da Turquia (que se apresenta como país-ponte entre o Ocidente e o Oriente), uma iniciativa que pretende se contrapor à ideia do "choque".

Não se pode esquecer que a paz no Oriente Médio continua sendo um tema extremamente sensível na tensão política entre o Ocidente e o mundo árabe e islâmico. Após um período de otimismo com os Acordos de Oslo (1993) entre Israel e a OLP, o processo de paz sofreu grande revés com o assassinato do primeiro-ministro Rabin (1995) por extremistas israelenses. Com a nova intifada palestina iniciada em 2001, fruto do enorme descontentamento palestino com o desrespeito aos compromissos de Oslo, sucessivos governos conservadores assumiram o poder em Tel Aviv e só agravaram a situação do conflito não apenas com os palestinos, mas com os vizinhos Líbano e Síria. Uma paz sustentável no Oriente Médio é condição para que o confronto político, cultural e religioso diminua de intensidade e de importância.

Segurança, desarmamento e desmilitarização

A guerra tem sido o principal tema das relações internacionais de todos os tempos. Por quê? Porque o poder militar das nações e dos Estados em muitos casos definiu o sucesso ou o fracasso de governos, de civilizações e de impérios continentais ou globais. Duas das obras mais antigas, consideradas clássicos da literatura realista pré-relações internacionais, *A arte da guerra*, de Sun Tzu, sobre estratégia militar, e *História da guerra do Peloponeso*, de Tucídides, sobre história militar e diplomática, são ainda hoje estudados por militares e internacionalistas em todo o mundo.

Depois das catástrofes de Hiroshima e Nagasaki, em 1945, a corrida armamentista desencadeada pela Guerra Fria incorporou tecnologias bélicas nucleares com poder de destruir a Terra várias vezes. A propósito do tema, respondendo à pergunta como seria a Terceira Guerra Mundial, Albert Einstein teria respondido que ele não sabia como poderia ser, mas acreditava que a Quarta Guerra Mundial seria feita com pedras e tacapes!

Segundo a visão dos realistas, os Estados Unidos e a ex-URSS, armados até os dentes, mantinham o equilíbrio do poder mundial. Era o período da dissuasão (*deterrance*) mantido pela ameaça recíproca de destruição total do inimigo. Durante o final dos anos 1940 e início da década de 1950, a percepção ocidental, alimentada pelos Estados Unidos, era de que a URSS expandia suas fronteiras ideológicas dia após dia, aumentando o perigo de um confronto nuclear entre os blocos capitalista e comunista.

Com a morte de Stalin, em 1953, a tensão entre os blocos começou a relaxar-se gradativamente. Já nos anos 1960, um episódio importantíssimo acelerou a percepção de que era possível evitar o confronto nuclear: a Crise dos Mísseis Cubanos, em outubro de 1962. J. F. Kennedy, então presidente dos Estados Unidos, teve de enfrentar o dilema dado pela seguinte situação: Cuba, já dominada pelo exército revolucionário de Fidel Castro, negociou a instalação de mísseis soviéticos na ilha. Tratava-se de armas estratégicas que abalariam todo o equilíbrio de forças então existente. Apesar de não aceitar a Revolução Cubana, pois ela significava a introdução de um regime comunista dentro da zona de influência máxima norte-americana, Kennedy aceitou negociar com o líder soviético Nikita Krushev. Os mísseis soviéticos foram retirados de Cuba em troca da retirada de mísseis ocidentais da Turquia e do compromisso dos Estados Unidos de não invadir a ilha, possibilitando a continuidade do regime de Fidel Castro.

A partir desse episódio, e por conta de políticas de reaproximação da Europa Ocidental, especialmente da Alemanha de Willy Brandt, junto aos países da Europa comunista (Ostpolitik – "política oriental"), ganhou corpo a chamada distensão (*détente*), que gerou várias iniciativas de diminuição da capacidade ofensiva nuclear dos blocos ocidental e soviético. Estados Unidos e URSS instituíram rodadas de negociação bilateral sobre a limitação de armas estratégicas (Salt – Strategic Arms Limitation Talks). No campo multilateral, vários acordos internacionais foram celebrados. Dentre eles, vale citar o Tratado para a Proscrição das Armas Nucleares na América Latina (Tratado de Tlatelolco), de 1967, e o Tratado de Não Proliferação das Armas Nucleares (TNP), de 1968.

Foi precisamente no início dos anos 1980 que a distensão foi interrompida pelo então presidente norte-americano Ronald Reagan, cujo governo gastou somas astronômicas em tecnologia de guerra. Houve um verdadeiro incentivo às indústrias militares, e cientistas de várias áreas foram convocados para trabalhar na Iniciativa de Defesa Estratégica (Strategic Defense Initiative), vulgarmente conhecida como "Projeto Guerra nas Estrelas".

Reagan apelou para o argumento de que o comunismo estava em expansão e que o Ocidente corria perigo. Na América Central, o governo Reagan temia o chamado "efeito dominó" (numa fileira de peças de dominó, a primeira a cair derruba as outras), motivo pelo qual os Estados Unidos financiaram os chamados "contras" para inviabilizar o regime sandinista na Nicarágua, criando uma nova estratégia militar conhecida como "guerra de baixa intensidade". O objetivo da política externa norte-americana era sufocar sem concessões, mas igualmente sem confronto direto, quaisquer tentativas de ampliação comunista no mundo.

Em meados dos anos 1980, com as profundas mudanças realizadas pelo presidente soviético Mikhail Gorbatchev – a *glasnost* (transparência, ou abertura política) e a *perestroika* (reestruturação ou abertura econômica) –, a então URSS acenava para o fim da Guerra Fria e da consequente ameaça nuclear que pairava sobre o planeta. A queda do Muro de Berlim, em novembro de 1989, tornou-se o marco que instituiu um novo período das relações internacionais, chamado de pós-Guerra Fria.

Dali em diante, no campo estratégico-militar, três questões passaram a ser gradativamente prioritárias: a revalorização dos armamentos convencionais, a utilização de novas tecnologias e os sistemas de verificação internacionais.

Embora a ameaça de uma guerra nuclear tenha se dissipado, o relaxamento gerado pelo fim da Guerra Fria teve como consequência negativa o significativo aumento de conflitos armados internos, intraestatais, ou seja, conflitos entre as forças armadas do Estado contra milícias, guerrilhas e combatentes dentro do próprio Estado. (Ver o tópico Nacionalismos e conflitos étnicos, na p. 107.). A ONU e o direito internacional não foram concebidos para lidar com essa realidade nova, dos conflitos armados internos. A maioria desses conflitos ocorre em países em desenvolvimento que utilizam armamentos baratos e altamente devastadores para a população civil, como as minas terrestres antipessoais. Milhares de adultos e crianças inocentes são mortos e mutilados por tocarem nesses explosivos que, mesmo depois de terminado o conflito, ficam escondidos e perdidos no solo do território.

Já o tema nuclear voltou à agenda internacional com o governo de George W. Bush. O Irã e a Coreia do Norte, países classificados como integrantes do "eixo do mal" pós-11/9, passaram a ser publicamente ameaçados por almejarem desenvolver tecnologia nuclear. Oficialmente, um pequeno grupo de países detém a tecnologia para a fabricação de armas nucleares e as possui em seu arsenal: Estados Unidos, Reino Unido, França, Rússia, Ucrânia, China, Índia e Paquistão. Israel não assume publicamente ser nuclearizado, mas há fortes indícios de que é. Há, portanto, um oligopólio de detentores de tecnologia nuclear para fins bélicos, mas todos os demais países estão proibidos de desenvolver e de ter, ou porque se comprometeram a não ter, por meio de tratados e convenções (caso do Brasil), ou porque são pressionados pelas grandes potências. É, no fundo, uma atitude hipócrita dos países detentores do chamado ciclo do urânio, que não abrem mão de seu *know how* e de seus arsenais, mas impedem que outros os tenham. O papel da Agência Internacional de Energia Atômica (AIEA), com sede em Viena, é de realizar o monitoramento e a verificação de todos os países, sem exceção. Vale ainda mencionar que Argentina e Brasil criaram um sistema de verificação recíproca inovadora e eficaz, por meio da Agência Brasileiro-Argentina de Contabilidade e Controle de Materiais Nucleares (ABACC).

Desarmamento e desmilitarização são faces de uma mesma moeda. Na medida em que os governos reduzem gradativamente seu poder militar, dão passos significativos para desmilitarizar as relações internacionais.

Outro desafio, não menos complicado, é a reincorporação de populações combatentes à vida civil. Exemplos podem ser encontrados na América Central, em países como El Salvador, Guatemala, Honduras, Nicarágua, que ao longo das últimas décadas estiveram às voltas com conflitos armados internos e internacionais. Finda a guerra, para onde vão as pessoas que abandonaram o estudo e o trabalho para cerrar fileiras nas guerrilhas ou servir às forças do Estado? As sociedades militarizadas desperdiçam dinheiro, porque investir em armas não traz retorno econômico, salvo para as indústrias de armamentos. A situação dos países em desenvolvimento é mais dramática, pois se endividam para comprar armas e empregam sua população economicamente ativa nos combates. Daí a importância de programas de reeducação e treinamento, com a cooperação técnica e financeira de governos e de organismos internacionais, visando ao fortalecimento das instituições civis.

Apesar de sua relação estreita com o Estado, o tema do desarmamento e da desmilitarização tem sido objeto de vivo interesse da sociedade civil. A Aliança Global pela Prevenção dos Conflitos Armados (Global Partnership for the Prevention of Armed Conflict – GPPAC), com secretariado em Haia, Países Baixos, é uma rede formada por agências governamentais e organizações da sociedade civil que trabalha em prol da pacificação do mundo. Seu capítulo latino-americano é a Plataforma Latino-americana sobre Prevenção de Conflitos e Construção da Paz, representada pela Coordenadora Regional de Investigações Econômicas e Sociais (Cries) com sede em Buenos Aires, Argentina.

A ideia do fim das Forças Armadas não é uma loucura, nem uma utopia à Thomas Morus. O caso da Costa Rica (América Central) é um dos mais conhecidos. O líder José Figueres, quando pôde contar com circunstâncias históricas favoráveis, aboliu definitivamente o Exército do país em 1948, e instituiu a democracia mais estável da América Latina, e hoje um dos países com melhor distribuição de renda no Terceiro Mundo. Essa vinculação entre desarmamento e desenvolvimento vem sendo analisada por algumas ONGs, como o Instituto de Investigações sobre a Paz de Estocolmo (Sipri), que também divulgam estatísticas sobre a porcentagem do orçamento que cada país dedica a gastos militares. Em muitos casos, esses gastos são superiores aos investimentos com saúde e educação. Tais aberrações servem para sensibilizar a opinião pública internacional contra as políticas militaristas que sacrificam a população de vários países. A vinculação entre desarmamento e desenvolvimento é, nesse sentido, um importante avanço para demonstrar a insanidade e o desperdício do militarismo.

Sistema das Nações Unidas

Todo mundo já se acostumou a ouvir falar na Organização das Nações Unidas (ONU). Por que agora aparece essa palavra nova, "sistema"? A ONU foi concebida em 1945, quando foi assinada a Carta das Nações Unidas, um tratado internacional que estabeleceu uma nova organização para cuidar da paz e da segurança mundiais, bem como realizar a cooperação internacional para a solução de problemas internacionais de caráter econômico, social e humanitário, com sede em Nova York e escritórios em Genebra e Viena.

A Carta da ONU criou cinco órgãos fundamentais: a Assembleia Geral, da qual participam em condições de igualdade todos os países membros da organização; o Conselho de Segurança, formado por quinze membros, cinco dos quais permanentes e com direito a veto (China, Estados Unidos, França, Reino Unido e Rússia); o Conselho Econômico e Social, aberto a todos os países membros e também à participação de atores não governamentais; a Corte Internacional de Justiça e a Secretaria-Geral. Mas há outros organismos que, embora não estejam previstos na Carta da ONU, fazem parte de seu sistema, como, por exemplo, a FAO, a Unesco, a OIT, o FMI, a OMS etc. Por isso, quando se fala no sistema da ONU estão sendo englobados não apenas aqueles órgãos deliberativos e administrativos centrais, mas igualmente as agências especializadas, que compõem um enorme complexo nervoso que abarca todas as atividades humanas.

Após esse esclarecimento, perguntar-se-á: o que faz da ONU um grande tema internacional ou mundial? Em que pesem a presença e a atuação eficazes de várias de suas agências ao longo de mais de sessenta anos, a ONU passou a ter uma importância maior a partir da década de 1990.

Primeiro, há que se destacar o papel de mediação e bons ofícios do secretário-geral da ONU em conflitos armados, difíceis de resolver. Um exemplo foi a mediação do secretário-geral Javier Pérez de Cuellar, no conflito entre a Frente Farabundo Martí para a Libertação Nacional (FMLN) e o governo de El Salvador, que permitiu um acordo histórico, o qual pôs fim à guerra civil naquele país. Da mesma forma, o acordo de paz da Guatemala (1996), com participação da ONU, pôs fim a um dos mais longos e sangrentos conflitos do século XX. Esses dois processos demonstraram as possibilidades reais de a ONU contribuir para a solução pacífica dos conflitos internacionais.

Contudo, foi o conflito do Golfo Pérsico que desencadeou uma alteração sem precedentes no papel da ONU. Motivo: pela primeira vez na história das relações internacionais o Conselho de Segurança da ONU aprovou, sem vetos, o uso da força para fazer cumprir uma decisão. Foi com base na Resolução 678, de 2 de novembro de 1990, que foi constituída, sob comando norte-americano, a coalizão internacional que expulsou as forças iraquianas do Kuwait. Em episódios anteriores, isso nunca fora possível. Porque, durante o jogo da Guerra Fria, ora as potências ocidentais, ora as potências comunistas utilizavam o veto para impedir o uso da força internacional, de acordo com seus interesses. É importante recordar que o então secretário-geral da ONU, Pérez de Cuellar, fez o possível para encontrar uma solução negociada para o conflito e, quando a intervenção se tornou iminente, ele declarou diante das câmaras que aquela não era uma guerra da ONU.

Inevitavelmente, com o fim da Guerra Fria, e a partir do episódio da Guerra do Golfo, a ONU ganhou um novo papel. De fato, a questão do direito de intervenção ou de ingerência bem como o tema da supranacionalidade voltaram a ser cogitados em função do aumento da interdependência global e das dificuldades econômicas e políticas crescentes que as potências enfrentam, em especial os Estados Unidos, para agir unilateralmente.

Durante o mandato do secretário-geral Boutros Boutros-Ghali, ex-ministro das Relações Exteriores do Egito, a ONU iniciou o debate sobre sua reforma e reestruturação. Boutros-Ghali apresentou ao Conselho de Segurança, em 1992, "Uma proposta de paz". Nela, além de propor medidas no campo da diplomacia preventiva, do estabelecimento e da manutenção da paz, áreas de atuação conhecidas da ONU, também sugeriu medidas para a consolidação da paz depois dos conflitos. Esse documento é muito importante porque traça um perfil do que se anteviu sobre a ONU num modo cada vez mais interdependente e com dificuldades que só o esforço multilateral pode sanar.

No âmbito da agenda social foram realizadas as Conferências sobre População (Cairo-1994), Desenvolvimento Social (Copenhague-1995), Mulher (Beijing-1995) e Assentamentos Humanos/Hábitat (Istambul-1996). Em 1995, a Comissão sobre Governança Global apresentou seu relatório *Nossa vizinhança global*, um rico documento que recomenda uma série de novas medidas para governar o mundo de forma cooperativa e pacífica e consolida a expressão governança (*governance*).

Sob o mandato do secretário-geral Kofi Annan (1997-2007), funcionário de carreira da ONU, nascido em Ghana, na África ocidental, a ONU empreendeu uma série de reformas administrativas e políticas e recebeu demandas como nunca havia recebido até então. Esse período coincidiu com os dois mandatos de George W. Bush, cuja política externa chegou a humilhar a ONU em algumas ocasiões, tal o desprezo e a pouca importância dada pela administração americana às instâncias multilaterais.

Em 2005, durante a Cúpula Mundial da ONU, teve lugar uma minirreforma da organização. A Comissão de Direitos Humanos foi substituída por um Conselho de Direitos Humanos, vinculado diretamente à Assembleia Geral; criou-se a Comissão de Construção da Paz (*Peacebuilding Comission*) para auxiliar na reconstrução e transformação de países recém-saídos de conflitos armados internos e internacionais. Aprovou-se o princípio da responsabilidade de proteger (RtoP). A reforma do Conselho de Segurança não ocorreu, mas segue sendo um tema quente. A velha ordem mundial que amparava a conformação de uma "diretoria do clube das potências", composta por membros vitalícios, já não reflete a real distribuição do poder mundial. Daí a necessidade de sua reformulação, que poderia incluir novos membros permanentes, como Alemanha e Japão (dois dos maiores contribuintes do orçamento da ONU), e potências regionais, como Brasil e Índia. Na África, a situação é mais complexa; a África do Sul seria uma opção.

Em 2007, assumiu o secretário-geral Ban Ki Moon, ex-ministro das Relações Exteriores da Coreia do Sul, com o desafio de dar seguimento ao processo de reforma da ONU e representar algum papel substancial nas crises que persistem e que surgem: Coreia do

Norte, Myanmar/Birmânia; Israel/Palestina; Iraque; Afeganistão; Geórgia/Rússia...

Por fim, vale destacar a importância que a ONU tem dado à sociedade civil. Não há atualmente nenhuma reunião, conferência ou processo importante em que a sociedade civil organizada não participe de alguma forma, seja atuando em conselhos, seja oferecendo *expertise*, seja atuando via diplomacia cidadã, e o Relatório da ONU sobre Sociedade Civil (2004) assim o reconheceu. Essa é uma condição de democratização das organizações internacionais que tem se consolidado nos últimos anos.

Leitora e leitor: vamos ficando por aqui, pois já é tempo de alcançarmos o último capítulo. Sobremesa e café para encerrar. Que tal conversarmos um pouco sobre o Brasil?

SOBREMESA E CAFEZINHO: O BRASIL E AS RELAÇÕES INTERNACIONAIS

Enfim, chegou a hora da sobremesa e do cafezinho. Refletir sobre o Brasil e as relações internacionais pode ser um interessante exercício para identificar as nossas possibilidades. Tratemos de verificar qual a posição de nosso país nas relações internacionais da atualidade.

Cá entre nós: o Brasil não é o país do samba, da feijoada, do carnaval, da bossa nova, da mulata, do futebol... É tudo isso e muito mais! Sua contribuição e influência nos cenários regional e mundial é muito maior do que sugere nossa imagem *for export*!

No cenário político, a partir do golpe militar de 1964, o Brasil ingressou num período de regime autoritário, que cedeu gradualmente a uma transição para a democracia; esta veio a completar-se com a eleição direta para presidente da República, em 1989. Mas o grande salto evolutivo da democracia brasileira ocorreu quando o Congresso Nacional aprovou a destituição do presidente Fernando Collor de Mello, em setembro de 1992, no primeiro caso consumado de *impeachment* da história mundial. Isso foi possível graças ao fortalecimento das instituições civis e democráticas e à ampla liberdade de imprensa dentro do país. Com isso, no plano externo, o Brasil assumiu um novo papel como país democrático no contexto hemisférico.

Outro fator a considerar é o da organização político-administrativa brasileira. Sendo uma República Federativa, o Brasil compõe-se da União, dos estados e dos municípios. Quem pode representar o país no exterior? Somente a União tem competência para representar o Brasil perante outros Estados e organizações internacionais. O que não tem impedido os outros entes da Federação de reivindicar participação em assuntos externos, ora buscando recursos diretamente no exterior, ora influindo em processos de integração regional, como o Mercosul.

Ao contrário de outros países continentais, o Brasil não tem problemas com nacionalidades ou grupos étnicos, nem com idiomas distintos, dentro de seu território. O português é um elemento de conexão nacional, e os linguistas consideram que não há dialetos brasileiros e sim falas regionais, ou regionalismos, os quais não impedem a livre comunicação entre habitantes de regiões distintas. Entretanto, há dois problemas que estão a exigir atenção: um deles reside nas marcadas diferenças socioeconômicas e demográficas entre os estados federados; o outro relaciona-se às populações indígenas não aculturadas e à demarcação do espaço que ocupam, bem como à exploração dos recursos minerais localizados nas reservas indígenas.

Cerca de 184 milhões de pessoas (IBGE, 2008) habitam um Brasil continental. Frequentemente ouve-se tal afirmação, mas poucas vezes consegue-se assimilar seu verdadeiro significado. São 8.511.965 km² – extensão que classifica o Brasil como quinto maior país do mundo. Soma-se a esse território o espaço marítimo de jurisdição brasileira (zona econômica exclusiva + plataforma continental) que perfaz 4.451.766 km², uma extensão equivalente a 52% da área terrestre brasileira, também conhecida como Amazônia Azul. Toda essa continentalidade esparrama-se pela América do Sul, principal contexto geográfico e geopolítico para o Brasil.

A América do Sul é, assim, a primeira instância de inserção internacional do Brasil (inserção é participação). Ele faz limites com outros dez países, perfazendo 16.889 quilômetros de fronteiras (dê uma olhada no mapa!). São fronteiras totalmente estáveis, que foram sendo gradativa e pacificamente fixadas desde o final do Segundo Reinado e início da República.

Nesse contexto imediato, a principal relação bilateral é com a Argentina, país que historicamente tem sido o contrapeso geopolítico e estratégico para o Brasil no Cone Sul. Além das relações bilaterais com seus vizinhos, o Brasil mantém relações de cooperação e de integração regionais. Elas se dão por meio de três acordos multilaterais: o Tratado de Montevidéu (1980), que criou a Aladi, com sede em Montevidéu, reunindo países sul-americanos mais o México; o Tratado de Assunção, firmado em 1991, que estabeleceu o Mercado Comum do Sul (Mercosul), ao integrar as economias de Argentina, Brasil, Paraguai e Uruguai; e o Tratado de Cooperação Amazônica, assinado em 1978, entre Bolívia, Brasil, Colômbia, Equador, Guiana, Peru, Suriname e Venezuela.

O Mercosul é uma das prioridades do Brasil em suas relações internacionais. O Protocolo de Ouro Preto (1994) conferiu ao bloco personalidade jurídica internacional e deu-lhe estrutura institucional, com uma Secretaria Administrativa em Montevidéu, e transformando-o em união aduaneira, com uma tarifa externa comum (TEC) vigente desde janeiro de 1995. Esse bloco serve como plataforma para novas iniciativas, como a União das Nações Sul-Americanas (Unasul), aprovada em 2008.

A propósito da integração econômica, qual será a posição do Brasil nas relações econômicas internacionais? O Brasil já não é a economia agroexportadora que tinha apenas dois ou três produtos de peso no mercado internacional. Na pauta de exportações brasileiras figuram como principais produtos: calçados, minérios de ferro, farelo de soja, café, alumínio, suco de laranja, partes e peças para veículos, entre outros, produtos esses produzidos num complexo industrial não só diversificado como também sofisticado. O Brasil é a décima economia do planeta, pelo critério baseado no Produto Interno Bruto (PIB). Vale lembrar ainda um dado quase insólito: o Brasil é o país que tem o maior índice de crescimento dos últimos 120 anos – maior que o do Japão!

Toda essa produção econômica relaciona-se com o mundo em distintos fluxos de comércio, pois o Brasil não tem um parceiro majoritário, já que seu comércio tem orientação multilateral. Por isso, diz-se que o Brasil é um mercador global (*global trader*).

Na atual conformação das relações internacionais, pode-se verificar duas tendências a nortear o comércio multilateral, com distintas consequências para o Brasil: uma, positiva, é a da desregulamentação global, que aumenta o raio de oportunidades e de inserção dos países no mundo; e, na medida em que as negociações da Rodada Doha da OMC cheguem a bom termo, o Brasil sairá fortalecido; a outra, negativa, tem a ver com a conformação dos megablocos econômicos, pois se a tendência dos megablocos vier a aprofundar-se, estimulando o protecionismo, o Brasil terá de buscar vínculos mais estreitos com algum ou alguns dos megablocos dos países do centro, o que diminuirá seu leque de opções no âmbito internacional.

Nesse sentido, o Mercosul pode ser visto como uma resposta estratégica à tendência dos megablocos dos países do centro, pois aumenta o poder negociador dos países do Cone Sul junto a outras instâncias de integração econômica. O pragmatismo diplomático ensina que é melhor e mais vantajoso quando vários países entabulam negociações buscando uma posição conjunta, do que quando têm de fazê-lo isoladamente.

Com respeito aos fluxos financeiros internacionais, o Brasil conseguiu reverter o quadro sinistro de dívida externa que se agravou nos anos 1980. Renegociou sua dívida nos anos 1990 e, amparado por um ajuste nas contas públicas e aumento de seu crescimento econômico, o País saiu da condição de devedor para o de credor do FMI, em 2009.

A propósito, a América Latina (afro-indígeno-latina) é a outra esfera de inserção internacional do Brasil. Trata-se de países que comungam bagagens histórico-culturais. Além da América do Sul, fazem parte dela os países da América Central e do Caribe, e o México. Com efeito, esse leque de Estados compõe o chamado Grupo Latino-Americano, que em diversos foros internacionais, em especial na ONU, por vezes tem atuado em bloco.

O continente americano completa a principal área de inserção internacional do Brasil, cuja relação bilateral mais importante é com os Estados Unidos. No âmbito hemisférico, o Brasil é membro fundador da Organização dos Estados Americanos (OEA). Dentro da OEA, integra um grupo de concerto político dos países latino-americanos que, desde 2008, também inclui Cuba, conhecido como Grupo do Rio.

E na política mundial, qual a posição do Brasil? Nosso país é visto como uma potência média, com peso regional. Também se diz que o Brasil é um país semiperiférico. Que significa isso? Significa que não está atrelado a um poder hegemônico específico, em parte porque não faz fronteiras nem está próximo de países ou blocos hegemônicos, como os Estados Unidos ou a UE, em parte porque seu peso o credencia a estabelecer políticas estratégicas com relativa independência, especialmente no cenário sul-americano.

O Brasil tem-se comportado como simpatizante e potencial aliado dos Estados Unidos, embora durante o período da Guerra Fria os governos militares brasileiros não tenham assumido alinhamento automático com a superpotência ocidental. De fato, o anticomunismo dos governos militares manifestou-se com mais ênfase no plano interno. A Doutrina da Segurança Nacional, da Escola Superior de Guerra, não impediu que o Brasil buscasse fórmulas pragmáticas de relacionamento com os diversos atores internacionais no plano externo, independentemente de sua ideologia, e assumisse certo protagonismo entre os países do Terceiro Mundo, isto é, aqueles que não pertenciam nem ao Primeiro Mundo (países desenvolvidos capitalistas) nem ao Segundo Mundo (a URSS e os países sob sua órbita de influência).

A partir das alterações no equilíbrio de poder mundial operadas com o fim da Guerra Fria, a antiga ameaça comunista que pautava a relação dos Estados Unidos com seus vizinhos hemisféricos cede espaço a outros temas estratégicos. No tocante ao Brasil, dois deles sobressaem: o do acesso a novas tecnologias e o da exploração da Amazônia.

No que tange ao acesso a novas tecnologias, vale a pena citar dois episódios. Durante a década de 1980, o Brasil comprou uma briga feia com o Representante de Comércio dos Estados Unidos (United States Trade Representative, espécie de Ministério do Comércio Exterior), quando resolveu instituir a reserva de mercado da informática. Mesmo amparada juridicamente no GATT, que permite proteção às indústrias infantes dos países em desenvolvimento, a decisão brasileira irritou o governo norte-americano, que ameaçou retaliar as exportações brasileiras, com base na Seção 301 (emenda de 1984) do Trade Act, de 1974, legislação que visava proteger os produtos norte-americanos de práticas comerciais (supostamente) injustas.

Os Estados Unidos exigiam que o Brasil simplesmente acabasse com a reserva; o governo brasileiro argumentava que se tratava de uma lei, aprovada pelo Congresso, e não havia como alterá-la. Como não recuou na sua posição, o Brasil foi visto como um hábil negociador nesse embate com os Estados Unidos. A essa conclusão têm chegado muitos acadêmicos, principalmente nos Estados Unidos, mediante estudos dessa negociação, que parece haver inaugurado um novo tipo de batalha diplomática pelo domínio de recursos tecnológicos. Trata-se de um novo tipo de conflito entre os países desenvolvidos (incluindo as matrizes das empresas transnacionais), detentores de alta tecnologia, e os países em desenvolvimento (*os newcommers*), os quais tentam desenvolver suas próprias alternativas tecnológicas.

O outro episódio é uma sequência do confronto iniciado com a reserva de informática: o tema da proteção da propriedade intelectual. No livro *A guerra das patentes* (1993), a jornalista Maria Helena Tachinardi analisou com perspicácia a questão, enfocando o caso das patentes farmacêuticas. Segundo Tachinardi, o "conflito revela que a lógica que desperta a agressividade dos Estados Unidos é gerada por uma força ainda hegemônica de impor ao mundo as suas políticas comerciais. Mais que isso, trata-se de dizer aos países em desenvolvimento o que eles devem fazer para adequarse às exigências norte-americanas". Os desdobramentos do tema da propriedade intelectual no campo da saúde transformaram o Brasil em liderança internacional no tema. Como vimos, em 2007, o Brasil quebrou a patente de um remédio norte-americano para o tratamento do HIV/AIDS...

O segundo tema é verde, úmido e sem aditivos químicos... A Amazônia tornou-se uma região estratégica por excelência, e o tema de sua exploração pode criar novos cenários, tanto de cooperação quanto de conflito, entre o Brasil e os Estados Unidos. Além de possuir as principais reservas de biodiversidade, a maior floresta tropical e a maior bacia hidrográfica do mundo, a Amazônia abriga grupos de populações indígenas não aculturadas e constitui, assim, uma região muito importante não só para o Brasil, mas para todo o planeta.

Por isso, a exploração de recursos minerais existentes em seu subsolo e a construção de via de acesso para ligar o Brasil ao Pacífico encontram resistência por parte dos Estados Unidos. Argumenta-se que o ecossistema deve ser preservado e que o Brasil teria de buscar outras formas de desenvolvimento compatíveis com o meio ambiente amazônico. Por outro lado, a exploração dos recursos da Amazônia poderia tornar o Brasil mais competitivo e ampliar sua matriz energética. O dilema permanece: como o Brasil irá promover o desenvolvimento da Amazônia?

Não é à toa que essas questões têm roubado o sono dos militares brasileiros, os quais percebem a Amazônia como uma área de segurança nacional. Teme-se por sua progressiva internacionalização, com a consequente perda da soberania brasileira, e essa percepção negativa está sendo alimentada pelo interesse crescente dos Estados Unidos em realizar manobras militares em outros países da América do Sul, em alguns casos com a justificativa de combater o narcotráfico. Além disso, os Estados Unidos recriaram, em 2008, a IV Frota, uma esquadra de navios de guerra para "vigiar e proteger" o oceano Atlântico Sul. Como não há nenhuma ameaça nesse espaço em que o Brasil tem a maior costa marítima, militares e diplomatas brasileiros querem entender o que os Estados Unidos têm em mente...

Apesar dos novos conflitos, potenciais ou não, a agenda brasileira com os Estados Unidos está recheada de pontos positivos, sustentados num histórico de boas relações entre ambos os países. É necessário – e o Itamaraty tem-se esforçado em fazê-lo – que a agenda positiva seja reconhecida e estimulada pelos dois governos, a fim de aumentar o nível de confiança, condição fundamental para resolver conflitos e conduzir negociações a bom termo. Com o apoio dos Estados Unidos – que reconhece no Brasil uma parceria estratégica –, o país assume a liderança regional na América do Sul, com participação decisiva na prevenção e resolução de conflitos internacionais, como no Acordo de Paz entre Equador e Peru (1998).

Ao mesmo tempo, mais além de seu perfil de mercador global (*global trader*), o Brasil aspira a novo *status* de ator global (*global actor*), com participação político-diplomática mais ampla. Nesse sentido, o interesse em integrar o Conselho de Segurança (o Brasil é o país que mais vezes ocupou a vaga rotativa do CS) e obter uma vaga permanente nesse órgão. No tema da prevenção e construção da paz, o Brasil tem tido papel cada vez mais ativo: o país participa de diversas missões de paz da ONU e, desde 2004, chefia a força militar da Missão de Estabilização de Paz do Haiti (Minustah); também contribuiu para criar e pôr em funcionamento a Comissão de Construção da Paz da ONU, um novo órgão que auxilia os países a se recuperarem depois de um conflito armado ou uma situação de dificuldade estrutural. Há que se reconhecer e resgatar a vocação pacífica do Brasil, cujas relações internacionais são tradicionalmente pautadas pelos meios pacíficos de resolução de controvérsias.

O conjunto de países de língua portuguesa, formado por Angola, Cabo Verde, Guiné-Bissau, Moçambique, Portugal e São Tomé e Príncipe e Timor Leste, é outro grupo a que o Brasil se encontra culturalmente vinculado. O português é um dos dez idiomas mais falados no planeta (200 milhões de lusofalantes) e os países lusófonos estão empenhados em transformá-lo numa língua internacional, visando sua oficialização nos diversos foros da ONU. Mas a maior parte dos lusofalantes encontra-se no Brasil, que, com seus mais de 180 milhões de habitantes exerce a liderança natural do grupo, compartilhando-a com a nação-berço da língua, Portugal.

Por falar em berço, com Portugal existe uma relação bilateral privilegiada, em face dos profundos vínculos histórico-culturais entre ambos os países. O Tratado de Amizade e Consulta Brasil-Portugal completou cinquenta anos de existência em 2003 e, apesar dos compromissos que Portugal assumiu com a UE e da escalada de medidas restritivas a imigrantes em geral, o governo português tem demonstrado interesse em não prejudicar sua relação com o Brasil, que por sua vez poderia canalizar sua intensa relação com a UE, via Portugal. Também por conta de vínculos histórico-culturais, o Brasil participa das Conferências Ibero-Americanas, iniciativa política que reúne periodicamente chefes de Estado e de governo de países latino-americanos (Cuba inclusive) mais Espanha e Portugal.

Com a África, as relações brasileiras têm assumido um caráter distinto das demais, em especial com as ex-colônias portuguesas. O Brasil tem sido, para muitos países africanos, fornecedor de tecnologia e de conhecimento. O aspecto cultural confere fundamental importância, pois a África é o continente berço de distintas culturas que foram transportadas para o Brasil por milhões de negros trazidos como escravos, cuja importância foi e continua sendo enorme na formação do povo e da cultura brasileiros.

O Extremo Oriente também está na mira brasileira. Em especial, Japão e China são dois países asiáticos com que o Brasil tem interesse em incrementar relações. O Japão, por seu poderio econômico que pode ajudar a financiar programas sociais e ambientais e por seus vínculos culturais (a maior colônia japonesa fora do Japão está em São Paulo); a China, por seu peso estratégico na política mundial e pelo mercado que ela poderá representar para os produtos brasileiros. Igualmente, os países da Bacia do Pacífico, os chamados Tigres Asiáticos (Cingapura, Hong Kong, Malásia, Taiwan etc.), por sua pujança econômica, vêm atraindo a atenção do Brasil.

Na região do Oriente Médio, desde o primeiro choque do petróleo, o Brasil passou a intensificar relações com os países exportadores do produto, notadamente Arábia Saudita, Irã e Iraque. Na esteira de sua aproximação com o mundo árabe, o Brasil votou contra o sionismo, na polêmica Resolução da Assembleia Geral da ONU que condenou a política de Israel em relação aos países árabes. Recentemente, a partir da assinatura do acordo de 1993 entre Israel e a Organização para a Libertação da Palestina (OLP), o governo brasileiro outorgou status de representação diplomática à OLP. Vale lembrar que há muitas colônias de imigrantes do Oriente Próximo radicadas no Brasil. O país, hoje, se qualifica para apoiar a mediação entre Israel e Palestina, visando a sua reaproximação e a um acordo de paz.

Por ser um país em desenvolvimento *sui generis*, o Brasil, ao mesmo tempo que apresenta índices positivos no plano econômico, também revela indicadores altamente negativos no plano social. A ilustração dos "dois Brasis", um pobre e outro rico, criada pelo sociólogo francês Jacques Lambert, aprofundou-se sobremaneira nas últimas décadas. Uma ideia mais recente, lançada pelo economista Edmar Bacha, de que o Brasil traduz-se como se fora uma Belíndia (Bélgica + Índia), por conter dentro de seu território nichos de riqueza primeiro-mundista e espaços onde grassa a mais absoluta miséria, sinaliza o dramático crescimento das disparidades socioeconômicas no cenário brasileiro. Nesse sentido, e durante muitas décadas, o Brasil tem sido classificado como um dos piores do mundo e o pior da América Latina segundo critérios sociais, mas essa situação tem se alterado significativamente nos últimos anos, com o impacto positivo de políticas públicas sociais adotadas no âmbito dos programas de renda mínima.

Em razão do processo de privatização nos anos 1990, em especial do setor de telecomunicações, alterou-se o quadro dos principais investidores estrangeiros no Brasil. Os Estados Unidos seguem em primeiro, mas a Espanha converteu-se no segundo, ultrapassando a Alemanha, e Portugal tornou-se mais relevante.

Com tais características, o Brasil integra o grupo dos países em desenvolvimento, na condição de país do Sul. Essa condição manifesta-se concretamente nos diversos foros da ONU, onde muitas vezes o Brasil já atuou como porta-voz do Sul (terceiro-mundismo), e outras tantas vezes tem servido como mediador entre as posições de ambos os blocos (Norte e Sul), como na Rio/92 e na Conferência Mundial de Direitos Humanos

(Viena/1993). Por isso, o Brasil é um país muito importante no chamado diálogo Sul-Sul, o qual busca encontrar alternativas para garantir o direito dos países em desenvolvimento de participar do sistema internacional em condições de igualdade com os países do Norte.

A fome, a miséria, o analfabetismo, a mortalidade infantil etc. têm afetado boa parte da população brasileira. As dificuldades de lidar com esses problemas seríssimos têm consequências no plano internacional. Se por um lado as violações de direitos humanos no Brasil (que têm merecido crescente destaque na imprensa internacional) são devidas em parte à herança deixada pelos anos da ditadura em algumas instituições (como demonstram as recomendações da Comissão Interamericana de Direitos Humanos e as condenações da Corte Interamericana de Direitos Humanos contra o Brasil), por outro são as disparidades absurdas de renda as principais causadoras da violência estrutural.

Curiosamente, tal cenário de má distribuição de renda transformou o Brasil de um tradicional país de imigração (que recebe estrangeiros) em um país de emigração (cujos nacionais se dirigem para o exterior). Descendentes de italianos e de japoneses, nascidos no Brasil, dirigem-se à Itália e ao Japão em busca de melhores oportunidades de trabalho; outros milhares de brasileiros dirigem-se aos Estados Unidos e à Europa para trabalhar em subempregos, e fazer o que no Brasil não tem sido possível: o sonhado pé-de-meia. Nota-se, sobretudo a partir de 2008, ano em que eclodiu a crise econômica internacional, uma reversão desse movimento. (Ver tópico Economia internacional em crise, na p. 92.)

Ao mesmo tempo, ganham corpo movimentos da sociedade civil, que tem seu símbolo na Ação da Cidadania contra a Fome, a Miséria e pela Vida, coordenada pelo falecido sociólogo Herbert de Souza, o Betinho. Esse movimento recebeu apoio de todos os cantos do País, fato que demonstra o desejo e a capacidade da sociedade civil de reverter o quadro de injustiça social, mediante ações concretas de cooperação direta e solidariedade.

Último gole de café: quando espiamos pela janela a situação dos demais países do globo, quando exercitamos um pouco de análise comparada, a situação do Brasil salta aos olhos pelas grandes possibilidades que convivem com enormes contradições. O Brasil é um dos poucos países em desenvolvimento que tem um amplo leque de alternativas para mover-se no cenário internacional e explorar as oportunidades que as relações internacionais oferecem. Como já dissera um experiente embaixador brasileiro, o Brasil, pela sua dimensão, está condenado a ter uma política externa – ou, em outros termos, o Brasil sempre necessitará elaborar políticas e estratégias para atuar nas relações internacionais. Hoje, já se vê o Brasil indo além da política externa e esboçando uma política internacional. Mas, convenhamos, esse assunto já é tema para outro banquete.

INDICAÇÕES PARA LEITURA

Obras panorâmicas

Para uma visão geral sobre as relações internacionais: 1) De autores brasileiros: *Relações internacionais*, Ricardo Seitenfus (São Paulo: Manole); *Política e relações internacionais*, Marcus Faro de Castro (Brasília: UnB); *Relações internacionais*, Williams Gonçalves (Rio de Janeiro: Zahar); *Introdução às relações internacionais – temas, atores e visões*, Cristina Pecequilo (Rio de Janeiro: Vozes); *Relações internacionais. Teoria e história*, Demétrio Magnoli (São Paulo: Saraiva). 2) De autores estrangeiros: *Sociologie des relations internationales*, Marcel Merle (Paris: Dalloz, 1988) – trad. bras.: *Sociologia das relações internacionais* (Brasília: UnB); *Curso de introdução às relações internacionais*, Karl Deutsch e outros (Brasília: UnB); *La sociedad internacional*, de Antonio Truyol y Serra (Madrid: Alianza Universidad); *Introducción a las relaciones internacionales*, Celestino Del

Arenal (Madrid: Tecnos); *Les relations internationales* (Col. "Que sais-je?"), Philippe Braillard e Mohammad--Reza Djalili (Paris: Presses Universitaires de France); *El estudio de las relaciones internacionales*, Eduardo Ortiz (Santiago: Fondo de Cultura Económica). Há também inúmeras obras publicadas pela Faculdade Latino-Americana de Ciências Sociais (FLACSO), com unidades em diversos países da América Latina e Caribe), que tratam de temas das relações internacionais no âmbito latino-americano e caribenho.

Vários conceitos e definições importantes sobre as relações internacionais podem ser encontrados nas seguintes obras: *Dizionario di política*, Norberto Bobbio e outros (Turim: UTET, 1983) – trad. bras.: *Dicionário de política* (Brasília: UnB); *The International Relations Dictionary*, Jack C. Plano e Roy Olton (Western Michigan University, Longman).

Coletâneas dos principais tratados, convenções e declarações internacionais vigentes na atualidade podem ser encontradas em: Vicente Marotta Rangel (org.), *Direito e relações internacionais* (São Paulo: RT); Valério Mazzuoli (org.), *Coletânea de direito internacional* (São Paulo: RT); *Legislação de direito internacional* (São Paulo: Saraiva).

Sobre os paradigmas das relações internacionais

Obras gerais sobre as teorias das relações internacionais: *Teorias das relações internacionais: correntes*

e debates, João Pontes Nogueira e Nizar Messari (Rio de Janeiro: Campus/Elsevier); *Relações internacionais: teorias e agendas*, Antonio Jorge Ramalho da Rocha (Brasília: IPRI/UnB); *Teoria de relações internacionais*, Gilberto Sarfati (São Paulo: Saraiva).

Para melhor conhecimento da visão realista, nada como uma viagem pelos seus clássicos: *The Twenty Years' Crisis: 1919-1939*, Edward H. Carr – trad. bras.: *Vinte anos de crise: 1919-1939* (Brasília: UnB); *Politics Among Nations. The Struggle for Power and Peace*, Hans J. Morgenthau (New York: Alfred Kopf, 1948 – trad. bras.: *Política entre as nações. A luta pelo poder e pela paz*, Brasília: UnB); *Paix et guerre entre les nations*, Raymond Aron (Paris: Calmann-Lévy) – trad. bras.: *Paz e guerra entre as nações* (Brasília: UnB). Sobre o neorrealismo, *Theory of International Politics*, Kenneth N. Waltz (Mass.: Addison-Wesley, 1979) – trad. esp.: *Teoría de la política internacional* (Buenos Aires, GEL, 1988).

Sobre o paradigma da dependência: *El desarrollo económico de la América Latina e algunos de sus principales problemas* e *Problemas teóricos y prácticos del crescimento económico*, textos de Raúl Prebisch, editados originalmente como documentos da Cepal, Santiago, e publicados em português na *Revista Brasileira de Economia*, da FGV, v. 3, n. 3, set. 1949, e v. 5, n. 1, maio 1951, respectivamente; *Teoria e política do desenvolvimento econômico*, Celso Furtado (São Paulo: Companhia Editora Nacional); *Dependência y desarrollo em*

América Latina, Enzo Falletto e Fernando Henrique Cardoso (México: Editorial Siglo XXI); *As ideias e seu lugar. Ensaios sobre as teorias do desenvolvimento*, Fernando Henrique Cardoso (2ª ed. Petrópolis: Vozes, 1993); *La dependência político-económica de América Latina*, ensaios de Helio Jaguaribe, Theotônio dos Santos e outros (México: Siglo XXI, 1970); *Problemas do desenvolvimento latino-americano*, Helio Jaguaribe (Rio de Janeiro: Civilização Brasileira).

No campo do interdependentismo e do globalismo, ver algumas das inúmeras obras que há: *Power and Interdependence. World Politics in Transition*, Robert O. Keohane e Joseph S. Nye (Boston: Little Brown and Company, 1977) – trad. esp.: *Poder e interdependencia. La política mundial en transición* (Buenos Aires: GEL); e *After Hegemony. Cooperation and Discord in the World Political Economy*, Robert Keohane (Princeton: Princeton University Press, 1984) – trad. esp.: *Despúes de la hegemonia. Cooperación y discordia en la política económica mundial* (Buenos Aires: GEL, 1988); *Turbulence in World Politics: A Theory of Change and Continuity*, James Rosenau (New Jersey: Princeton University Press, 1990).

Sobre o paradigma da paz: *Journal of Peace Research*, Sage; o Stockholm International Peace Research Institute (Sipri: Suécia) promove e publica estudos periódicos sobre temas relacionados à paz e o *Anuário Sipri* sobre armas no mundo; na América Latina, é importante citar o trabalho da Coordinadora Regional de Investigaciones Económicas y Sociales (Cries) com sede em Buenos Aires, com a *Colección Pensamiento Próprio*, organizada por Andrés Serbin (Buenos Aires: Icaria). No Brasil, o pioneiro trabalho desenvolvido pelo Grupo de Análise de Prevenção de Conflitos (GAPCon), vinculado à Universidade Candido Mendes (Ucam), Rio de Janeiro, com atividades e obras coordenadas por Clóvis Brigagão e outros: *Panorama brasileiro de paz e segurança* (São Paulo: Hucitec); *O Brasil e os novos conflitos internacionais* (Rio de Janeiro: Gramma); *Diplomacia cidadã. Panorama brasileiro de prevenção de conflitos internacionais* (Rio de Janeiro: Gramma); *Paz e diálogo entre civilizações* (Rio de Janeiro: Gramma/Educam); o GAPCon também publica os *Cadernos GAPConflitos*, editada por C. Brigagão, com apoio da Fundação Konrad Adenauer: 1) *Haiti. O Brasil e a Minustah*; 2) *Bolívia: o papel da sociedade civil*; 3) *Contribuição brasileira às Missões de Paz da ONU*; 4) *A sociedade civil na resolução de conflitos na África*.

Sobre os grandes temas internacionais

Para o acompanhamento dos temas internacionais, há publicações especializadas. No Brasil, existem algumas revistas: *Política Externa* (São Paulo: Paz e Terra/USP); *Contexto Internacional* (Rio de Janeiro: IRI/PUC-RJ); *Revista Brasileira de Política Internacio-*

nal (Brasília: Instituto Brasileiro de Política Internacional); *Dados* (Rio de Janeiro: IUPERJ); *DEP – Diplomacia, Estratégia, Política* (Brasília: MRE/Funag); *Interesse Nacional* (São Paulo: Brand); *Anuário Brasileiro de Direito Internacional* (Belo Horizonte: Cedin); *Boletim da Associação dos Diplomatas Brasileiros* (Brasília: ADB). De outros países há diversas publicações, mas vale anotar as seguintes: *Foreign Affairs* (Nova York); *Foreign Affairs en Español* (México, Itam); *Foreign Policy* (Washington, DC); *International Studies Perspectives* (International Studies Association – ISA); *International Studies Quarterly* (International Studies Association – ISA); *International Studies Review* (International Studies Association – ISA); *Le Monde Diplomatique* (Paris); *Foro Internacional* (México: El Colégio de México); *Pensamiento Propio* (Cries: Buenos Aires); *Política Internacional* (Lisboa: IPRIS); *Anuário Janus* (Lisboa: Universidade Autônoma de Lisboa); *International Social Science Journal* (Unesco); *Integración & Comercio* (Buenos Aires: Intal).

Também é útil consultar os relatórios e as publicações periódicas de organizações internacionais do sistema da ONU, como *O Correio da Unesco* (Paris: Unesco) e o *Relatório sobre o Desenvolvimento Mundial* (Washington: Banco Mundial). Anualmente, o secretário-geral da ONU apresenta um relatório à Assembleia Geral, que é traduzido nos idiomas oficiais da organização (árabe, chinês, espanhol, francês, inglês e russo);

trata-se de um documento importante para conhecer e acompanhar os trabalhos realizados pela ONU em diversos temas mundiais, e pode ser encontrado no portal da ONU (www.un.org).

Não podemos nos esquecer dos jornais e das revistas semanais com informações e análises sobre os acontecimentos internacionais e mundiais da atualidade. Aí, tanto se pode ler o material impresso quanto o conteúdo eletrônico. Algumas sugestões de portais e sites – 1) Brasileiros: *Folha de S.Paulo* (www.folha.com.br); *O Estado de S.Paulo* (www.estadao.com.br); *O Globo* (www.oglobo.com.br); *Veja* (veja.abril.com.br). Estrangeiros: *El País*, Madri (www.elpais.es); *O Público*, Lisboa (www.publico.clix.pt); *The New York Times*, Nova York (www.nytimes.com); *The Economist*, Londres (www.economist.com); *The Guardian*, Londres (www.guardian.co.uk); *Financial Times*, Londres (www.ft.com); *The Toronto Star*, Toronto (www.thestar.com); *Le Monde*, Paris (www.lemonde.fr); *La Reppublica*, Roma (www.reppublica.it); *El Clarín*, Buenos Aires (www.clarin.com.ar); *La Nación*, Buenos Aires (www.lanacion.com.ar); *La Jornada*, México (www.jornada.unam.mx).

Sobre o Brasil e as relações internacionais

Um dos fenômenos que se observa nos últimos anos no Brasil é o aumento de cursos de graduação de relações internacionais e do interesse universitário pelo tema. Igualmente, verifica-se um relativo crescimento na produção intelectual brasileira sobre questões de política externa e processos de integração. A seguir, são indicadas algumas das obras mais relevantes publicadas no Brasil recentemente:

Relações internacionais do Brasil: temas e agendas (São Paulo/Brasília: Saraiva/ IBRI/Funag). Obra organizada por Antonio Carlos Lessa e Henrique Altemani, em dois volumes, cobre aspectos variados das relações internacionais de nosso país. Como os vizinhos veem o Brasil? *La percepción de Brasil en el contexto internacional: perspectivas y desafíos*, organizado por W. Hoffmeister, F. Rojas e L. Guillermo Solís trata de responder a essa instigante questão com diversas contribuições de autores sul-americanos (Rio de Janeiro: Fundação Konrad Adenauer). *O estudo das relações internacionais do Brasil* (São Paulo: Unimarco), do diplomata Paulo Roberto de Almeida, é um excelente roteiro sobre o tema, com diversas indicações de obras e cursos existentes no Brasil. *Relações internacionais no Brasil: instituições, programas, cursos e redes* (Rio de Janeiro: Gramma) é um excelente diretório da área elaborado por Clóvis Brigagão.

Sobre política externa brasileira (PEX) em geral, vale mencionar: *Política externa brasileira. Da Independência aos desafios do século XXI*, Clóvis Brigagão, GAPCon/Ucam, e Gilberto M. A. Rodrigues, Uni-Santos/Fasm/GAPCon (São Paulo: Moderna); *Políti-*

ca externa brasileira, Letícia Pinheiro, PUC-RJ (Rio de Janeiro: Jorge Zahar); *Relações internacionais do Brasil: de Vargas a Lula*, Paulo Fagundes Vicentini (São Paulo: Perseu Abramo) *Uma história diplomática do Brasil, 1531-1945* (Rio de Janeiro: Civilização Brasileira), José Honório Rodrigues (já falecido, antigo professor de história do Instituto Rio Branco) e Ricardo Seitenfus, professor na Universidade Federal de Santa Maria; *Sessenta anos de política externa brasileira, 1930-1990* (São Paulo: Cultura/NUPRI/USP), coleção coordenada pelo cientista político José A. Guilhon Albuquerque, professor da USP; *A identidade internacional e a política externa brasileira. Passado, presente e futuro*, Celso Lafer (São Paulo: Perspectiva); *História da política exterior do Brasil*, de Amado Luiz Cervo e Clodoaldo Bueno (Brasília: UnB).

Sobre temas específicos da PEX brasileira: *O contencioso Brasil x Estados Unidos da informática* (São Paulo: Edusp), Tullo Vigevani, da Unesp; *O lugar da África* (Brasília: UnB), J. F. Sombra Saraiva, sobre as relações Brasil-África; *O imperialismo sedutor. A americanização do Brasil na época da Segunda Guerra*, Antonio P. Tota (São Paulo: Companhia das Letras). *As relações Brasil-Espanha na perspectiva da política externa brasileira (1945-2005)*, Bruno Aylón (São Paulo: Emblema). *Cidades em relações internacionais. Análises e experiências brasileiras* (São Paulo: Desatino), org. por Gilberto Rodrigues, Wagner Romão e Marcos Xavier.

De diplomatas brasileiros sobre a diplomacia do Brasil: *Cronologia das relações internacionais do Brasil*, Eugênio V. Garcia (Rio de Janeiro: Contraponto); *Navegantes, bandeirantes, diplomatas*, emb. Synesio Sampaio Góes (São Paulo: Martins Fontes); *Rio Branco – O Brasil no mundo* (Rio de Janeiro: Contraponto), emb. Rubens Ricupero; *A palavra do Brasil nas Nações Unidas, 1946--2006* (Brasília: Funag) reúne os discursos do Brasil na Assembleia Geral da ONU, com organização e comentários do emb. Luiz Felipe de Seixas Corrêa; *Visões do Brasil: ensaio sobre a história e a inserção internacional do Brasil* (Rio de Janeiro: Record), emb. Rubens Ricupero; *A legitimidade – e outras questões internacionais* (São Paulo: Paz e Terra), emb. Gelson Fonseca Jr.

Teses do Curso de Altos Estudos (CAE) do Itamaraty: para estarem aptos a ascender de conselheiro a ministro, os diplomatas brasileiros devem elaborar uma monografia (denominada tese, mas sem relação direta com as teses acadêmicas) e a defender perante banca formada por embaixadores e acadêmicos, em sessão fechada ao público. Há excelentes teses do CAE publicadas pela Funag e disponíveis em versão impressa e eletrônica (www.funag.gov.br).

Sobre política internacional e relações internacionais, com visões brasileiras: *O poder americano* (Rio de Janeiro: Vozes), org. de José L. Fiori; *Comentário à Carta das Nações Unidas* (Belo Horizonte: Cedin), org. de Leonardo Nemer C. Brant; *Guia de estudos de estratégia*

(Rio de Janeiro: Jorge Zahar), de Domício Proença Jr., Eugênio Diniz e Salvador Raza. *Terrorismos* (São Paulo: Educ), org. de Edson Passeti e Salete Oliveira. *Política e drogas nas Américas* (São Paulo: Educ), de Thiago Rodrigues; *Sérgio Vieira de Mello: pensamento e memória* (São Paulo: Saraiva/Edusp), textos reunidos por Jacques Marcovitch; *Manual das organizações internacionais* (Porto Alegre: Livraria do Advogado) do professor Ricardo Seitenfus; *Ordem, poder e conflito no século XXI*, de Luis Fernando Ayerbe (São Paulo: Unesp); *Desafios brasileiros na era de gigantes*, (Rio de Janeiro: Contraponto), do embaixador Samuel Pinheiro Guimarães; *A ONU no século XXI: perspectivas*, org. por Thiago Rodrigues e Wagner Romão (São Paulo: Desatino).

Sobre a globalização e o Brasil, vale a pena conferir: *Globalização a olho nu – o mundo conectado* (São Paulo: Moderna), de Clóvis Brigagão e Gilberto Rodrigues; *Desafios da globalização* (Petrópolis: Vozes) organizado pelos professores Ladislau Dowbor, Paulo-Edgar Resende (PUC-SP) e Octavio Ianni (Unicamp).

Sobre o Mercosul, merece destaque *Mercosul hoje* (São Paulo: Alfa-Ômega) dos diplomatas Sérgio Florêncio e Ernesto Araújo, livro didático escrito por quem esteve envolvido no próprio processo de construção do Mercosul.

Dois dos mais importantes centros de estudos brasileiros (*think tanks*, na linguagem americana) têm produzido, sistematicamente, debates, palestras, livros, cadernos e papers sobre a política externa brasileira: o Centro Brasileiro de Relações Internacionais (Cebri) disponibiliza seus produtos no site, dentre eles o *Cebri Tese*, cadernos com relatos de teses sobre a PEX consideradas relevantes (www.cebri.org.br); e o Grupo de Análise de Conjuntura Internacional (Gacint), que se reúne na USP e publica o *Panorama da Conjuntura Internacional* (www.iri.usp/gacint_panorama.php)

Alguns periódicos eletrônicos especializados em RI podem ser úteis também: www.relnet.com.br – mantido pela Funag/MRE e pelo Departamento de Relações Internacionais da UnB; Carta Internacional (www.usp.br/cartainternacional); Cenário Internacional (www.cenariointernacional.com.br), periódico independente, com artigos variados sobre assuntos da atualidade; Inter-Relações, revista editada pelo curso de Relações Internacionais da Faculdade Santa Marcelina, em São Paulo (www.fasm.edu.br).

Notas Internacionais (São Paulo: Desatino, vários volumes), org. de Thiago Rodrigues e Cynthia Marcucci, é uma interessante e inovadora publicação periódica dos melhores trabalhos de conclusão de curso (TCCs) de graduação de Relações Internacionais da Faculdade Santa Marcelina, em São Paulo.

LISTA DE SIGLAS

Abacc – Agência Brasileiro-Argentina de Contabilidade e Controle de Materiais Nucleares

Acnur – Alto Comissariado das Nações Unidas para os Refugiados

AIEA – Agência Internacional de Energia Atômica

Aladi – Associação Latino-Americana de Integração

Alalc – Associação Latino-Americana de Livre Comércio

Alca – Área de Livre Comércio das Américas

Asean – Associação das Nações do Sudeste Asiático

Caricom – Comunidade do Caribe

CE – Comunidade Europeia

Ceca – Comunidade Econômica do Carvão e do Aço

CEE – Comunidade Econômica Europeia

CEI – Confederação de Estados Independentes

Cepal – Comissão Econômica para América Latina e Caribe da ONU

CIA – Agência de Inteligência Norte-Americana

CIDH – Comissão Interamericana de Direitos Humanos

Cnumad – Conferência das Nações Unidas sobre Meio Ambiente e Desenvolvimento

Corte IDH – Corte Interamericana de Direitos Humanos

Cries – Coordinadora Regional de Investigaciones Económicas y Sociales

DH – Direitos humanos

Euratom – Comunidade Europeia da Energia Atômica

FAO – Organização das Nações Unidas para a Alimentação e a Agricultura

FMI – Fundo Monetário Internacional

FMLN – Frente Farabundo Martí para a Libertação Nacional

FSM – Fórum Social Mundial

Gatt – General Agreement on Tariffs and Trade

GPPAC – Global Partnership for the Prevention of Armed Conflict

IBGE – Instituto Brasileiro de Geografia e Estatística

IIDH – Instituto Interamericano de Direitos Humanos

Interpol – Organização Internacional de Polícia Criminal

IPCC – Painel Intergovernamental sobre Mudança Climática

Ipra – International Peace Research Association

Ipri – Internacional Peace Research Institute

IRA – Exército Revolucionário Irlandês

MCCA – Mercado Comum Centro-Americano

MDL – Mecanismo de desenvolvimento limpo

Mercosul – Mercado Comum do Sul

Nafta – Acordo de Livre Comércio da América do Norte (North American Free Trade Agreement)

OEA – Organização dos Estados Americanos

OIM – Organização Internacional das Migrações

OIT – Organização Internacional do Trabalho

OLP – Organização para a Libertação da Palestina

OMC – Organização Mundial do Comércio

OMS – Organização Mundial da Saúde

ONG – Organização Não Governamental

ONU – Organização das Nações Unidas

Otan – Organização do Tratado do Atlântico Norte

OUA – Organização da Unidade Africana

PIB – Produto Interno Bruto

Pnud – Programa das Nações Unidas para o Desenvolvimento

Salt – Strategic Arms Limitation Talks

Sipri – Instituto de Investigações sobre a Paz de Estocolmo

TNP – Tratado de Não Proliferação das Armas Nucleares

TPI – Tribunal Penal Internacional

Trips – Acordo de Propriedade Intelectual do Gatt/OMC

UA – União Africana

UE – União Europeia

Unasul – União das Nações Sul-Americanas

Unctad – Conferência das Nações Unidas para o Comércio e Desenvolvimento

Unicef – Fundo das Nações Unidas para a Infância

Unodc – Escritório das Nações Unidas para o Crime e as Drogas

Upeace – Universidade para a Paz

URSS – União das Repúblicas Socialistas Soviéticas

SOBRE O AUTOR

Gilberto Marcos Antonio Rodrigues, paulista da cidade de Santos, é professor e pesquisador de Direito Internacional e Direitos Humanos nos cursos de graduação, especialização e mestrado em Direito da Universidade Católica de Santos (UniSantos) e no curso de Relações Internacionais da Faculdade Santa Marcelina (Fasm) em São Paulo. É membro do Grupo de Análise de Prevenção de Conflitos (Gapcon) da Universidade Candido Mendes, Rio de Janeiro.

É doutor em Relações Internacionais (2004) pela Pontifícia Universidade Católica de São Paulo (PUC-SP), com a tese *Política externa federativa: análise de ações internacionais de estados e municípios brasileiros*, que obteve nota dez e foi escolhida pelo Centro Brasileiro de Relações Internacionais para integrar a coleção Cebri Tese. É mestre em Relações Internacionais

(1996) pela Universidad para la Paz (Upeace), criada pela ONU, com sede na Costa Rica, e especialista em Resolução de Conflitos (1996) pelo Department of Peace and Conflict Research da Universidade de Uppsala, Suécia.

Participou de cursos da ONU e da OEA: Leadership in Conflict Resolution, da Universidade das Nações Unidas, em Amã, Jordânia (1999); International Law Seminar, da Comissão de Direito Internacional da ONU, em Genebra (1998); Curso Interdisciplinario de Derechos Humanos, do Instituto Interamericano de Direitos Humanos (IIDH) em San Jose, Costa Rica (2008); Curso de Direito Interamericano, da OEA, na FGV-RJ (1990). Estagiou na Associação Latino-Americana de Integração (Aladi) e na Delegação Permanente do Brasil junto à Aladi, em Montevidéu, Uruguai (1993).

É bacharel em Direito pela PUC-SP (1989) e advogado inscrito na OAB/SP (1990) e filiado à International Law Association (2006).

Coautor dos livros: *Globalização a olho nu – o mundo conectado* (2ª ed. São Paulo: Moderna, 2004) e *Política externa brasileira. Da Independência aos desafios do século XXI* (São Paulo: Moderna, 2006), com Clóvis Brigagão; organizador dos livros: *Cidades em relações internacionais* (São Paulo: Desatino, 2009), com Marcos Xavier e Wagner Romão; *Direito do petróleo e gás. Aspectos ambientais e internacionais* (Santos: Editora Universitária Leopoldianum, 2007), com Alcindo Gonçalves.

Colaborador da organização internacional Forum of Federations, com sede em Ottawa, Canadá, com a qual participou de conferências, seminários e reuniões na Bélgica, no Canadá, na Etiópia, na Índia, no México e na Suíça e co-coordenou o projeto Diversidade e Unidade no Brasil, com o professor Marcus Faro de Castro (UnB). Como integrante do Gapcon/Ucam, co-coordena o Grupo sobre Governança Global e Transformação Pós-Conflitos e tem participado das atividades da Coordinadora Regional de Investigaciones Económicas y Sociales (Cries), com sede em Buenos Aires, sobretudo no campo da prevenção de conflitos, construção da paz e responsabilidade de proteger.

Publicou diversos artigos em revistas e capítulos de livros sobre os temas do federalismo, direitos humanos, política externa e ONU, em países como Argentina, Canadá, Índia, México, Portugal e Romênia. É editor da revista *Leopoldianum*, da UniSantos, e filiado à Associação Brasileira de Editores Científicos (ABEC).

Colunista quinzenal do jornal *A Tribuna* de Santos (SP), onde analisa assuntos internacionais da atualidade para o Caderno de Mundo.

Contatos: C. P. 2113, Gonzaga/Santos–SP, CEP 11060-970. e-mail: professor@gilberto.adv.br

IMPRESSÃO:

Santa Maria - RS - Fone/Fax: (55) 3220.4500
www.pallotti.com.br